Christian Bommarius

Der FÜRSTEN-TRUST

Kaiser, Adel, Spekulanten

BERENBERG

Vorwort
S. 7

VORSPIEL AUF MADEIRA
S. 9

ERSTER SPIELER – *Christian Kraft*
S. 23

ZWEITER SPIELER – *Max Egon*
S. 35

DAS SPIEL
S. 45

ENDSPIEL
S. 93

NACHSPIEL
S. 117

Anmerkungen
S. 130

Literatur
S. 143

Jede Epoche hat ihren wahren Fürstenkonzern.

Annette Kolb
Zarastro. Westliche Tage (1921)

Vorwort

Die Geschichte des größten Wirtschaftsskandals im wilhelminischen Kaiserreich ist noch nicht geschrieben worden. Sie wird auch hier nicht erzählt. Die hochriskanten Geschäfte des Fürstentrusts – ein gemeinsames Projekt der schwerreichen Fürsten Christian Kraft zu Hohenlohe-Öhringen und Max Egon II. zu Fürstenberg – waren nicht nur selbst für intime Kenner unüberschaubar, vielmehr hatten, damals wie heute, alle Beteiligten aus naheliegenden Gründen das größte Interesse, der Öffentlichkeit jeden Einblick zu verwehren. Als die Handelsvereinigung AG – so die amtliche Bezeichnung des Fürstentrusts – zusammenbrach, vernichteten die Fürsten wichtige Unterlagen; der Großteil der Akten und Urkunden, die für eine präzise Rekonstruktion des Skandals nötig sind, ruht jedoch in den Archiven der hochadligen Familien in Neuenstein (Hohenlohe-Öhringen) und Donaueschingen (Fürstenberg), die Anträge auf Akteneinsicht ebenso höflich wie ausnahmslos zurückweisen.[1]

Nicht nur deshalb ist der Skandal heute vergessen. Selbst Experten der Wirtschaftsgeschichte haben von ihm bestenfalls gehört. Weil er sich unmittelbar vor dem Ersten Weltkrieg ereignete, galt er nur kurz als Sensation und verschwand dann schnell in Giftgasschwaden und Schützengräben. Aber die Schneise der Verwüstung, die die Geschäfte des Fürstentrusts vor allem in die Vermögensverhältnisse der Magnaten schlugen, hat Spuren hinterlassen in öffentlichen Archiven, in Zeitschriften, Büchern und Chroniken. Wer ihnen folgt, begegnet Zentauren. Christian Kraft und Max Egon waren die Chefs ihrer fürstlichen Häuser, Feudalherren alter Schule, die auf Schlössern residierten und als Waidmänner Furore machten; zugleich waren sie moderne Finanzbarone, die dem schnellen Geld so entschlossen nachsetzten wie dem Fuchs auf der Hetzjagd. Ihr Fall ist ungewöhnlich, denn für ihre ruinösen Geschäfte haben vor allem die Fürsten selber bezahlt. Das unterscheidet sie von Spekulanten der Gegenwart, die in Sekundenschnelle an den sogenannten Finanzmärkten auf fremde Rechnung Millionen verdampfen lassen. Im Übrigen aber ist der Fall unverändert aktuell: Der Dilettantismus, die Rücksichtslosigkeit, die Habgier, die die Fürsten und ihr Personal an den Tag legten, sind dem heutigen Zeitgenossen bestens vertraut. Allerdings hat sich die Rolle, die die Banken dabei spielen, seitdem offenkundig verändert. Damals beauftragte sie der Kaiser mit der Rettung der Fürsten (womit sie glänzend verdienten); heute lassen sie sich selbst von den Regierungen retten (und verdienen wiederum glänzend). Damals wie heute gilt: Unabhängig vom System ist Systemrelevanz eine Überlebensgarantie.

Sollte der Leser oder die Leserin an manchen Stellen dieser physiognomischen Skizze befürchten, den Überblick zu verlieren, ist das kein Grund zur Sorge. Noch jeder, der die Geschäfte des Fürstentrusts aus der Nähe zu betrachten versuchte, wurde früher oder später von Schwindelgefühlen erfasst.

VORSPIEL AUF MADEIRA[1]

Ende März des Jahres 1905 besuchte der deutsche Kaiser Lissabon, die Hauptstadt des Königreichs Portugal. Als der moderne Hapag-Postdampfer *Hamburg*, vom Kanonenboot *Friedrich Karl* begleitet, vor Anker ging, kam König Dom Carlos in einer Galabarke mit achtzig Ruderern heran, um Wilhelm II. zu empfangen. Anschließend Festzug durch die prächtig geschmückten Straßen hinauf zum Palácio de Belém, dem Königspalast, voran dreihundert berittene Stadtgardisten in historischen Uniformen, gefolgt von vier königlichen Vorreitern in Galalivree, sodann sieben Rokoko-Glaskarossen, im achten Wagen Kaiser und König, begleitet von Hochrufen der Menge – allein 75 000 Übernachtungsgäste zählte die Hotellerie – und den Grüßen junger Frauen, die aus Fenstern Blumen streuten. Der Tag war Operette, am Abend ging es in die Oper, vorbei an Triumphbögen mit Flammenschrift: »Salve Germania!«[2]

»Alles sehr liebenswürdig«, schrieb Wilhelm seinem Reichskanzler von Bülow nach Berlin. Aber »diese namenlose Hitze« und dann die Angst: »In Tanger ist bereits der Teufel los, gestern ein Engländer fast ermordet.«[3] In wenigen Tagen würde er in der marokkanischen Hafenstadt sein, um »Paris eins auszuwischen«.[4] Eine Blitzvisite, um Frankreichs Einfluss in Marokko zu begrenzen, eine Drohgebärde, um der französischen Regierung vorzuführen, dass ihr Bündnis mit England im Ernstfall nichts wert sei, vor allem ein Einschüchterungsversuch, um »die Gegenwart Deutschlands im Weltkonzert«[5] zu beweisen. Wilhelm wusste, dass für ihn dort keine Glaskutsche bereitstehen würde, sondern nur ein »fremdes Pferd«,[6] auf das er zu seinem Unbehagen »trotz meiner durch den verkrüppelten linken Arm behinderten Reitfähigkeit«[7] würde steigen müssen, und statt Blumenmädchen würden ihn schlimmstenfalls unberechenbare Anarchisten begrüßen.

Wilhelms Husarenritt wurde zum Symbol der ersten Marokko-Krise, der schwersten außenpolitischen Krise des jungen Jahrhunderts, mit der die Vorkriegszeit begann. »Sie werden bemerkt haben«, schrieb er der venezianischen Gräfin Annina Morosini unmittelbar nach seiner verzagten Machtdemonstration in Tanger, »dass ganz Europa jetzt meinen Willen tut – aus Angst vor mir«.[8] Als jedoch Anfang 1906 auf Verlangen der Deutschen im Hotel Reina Cristina in der spanischen Stadt Algeciras eine internationale Konferenz zusammentrat, um die Ansprüche des Kaiserreichs in Marokko zu prüfen, stellte sich heraus, dass die Deutschen mit ihren Drohgebärden niemanden eingeschüchtert, aber fast alle gegen sich aufgebracht hatten.

Nur einer europäischen Regierung fuhr zwischenzeitlich der Schrecken in die Glieder, als sie es mit den Deutschen zu tun bekam. In seinem Trinkspruch auf Schloss Belém hatte Wilhelm dem portugiesischen König noch zugerufen, die »freundschaftlichen innigen Beziehungen« zwischen König- und Kaiserreich sollten sich »fernerhin befestigen und entwickeln«.[9] Kurze Zeit später riefen die Portugiesen aus Angst vor einem Krieg England zu Hilfe.

Am Freitag, dem 3. November 1905, stellte Hans Arthur von Kemnitz, Legationssekretär und Vertreter des erkrankten deutschen Gesandten in Lissabon, dem portugiesischen Ministerpräsidenten ein Ultimatum. Erfülle die portugiesische Regierung nicht die Forderung des Deutschen Reiches bis zum folgenden Sonntag um zehn Uhr abends, werde Berlin die Beziehungen zu Lissabon abbrechen, gemeinhin die Vorstufe zur Kriegserklärung. Die Deutschen verlangten, den Engländer John Blandy auf der portugiesischen Atlantikinsel Madeira zu enteignen. Der Spross einer der ältesten und einflussreichsten Weinhändler-Dynastien Madeiras hatte sich geweigert, seine Farm, die Quinta Pavao, als Baugrund an die deutsche Sanatorien auf Madeira, Vorbereitungs-Gesellschaft m.b.H. zu verkaufen. Geschäftsführer des im Februar 1904 mit 800 000 Mark Kapital gegründeten Unternehmens war der als »Tuberkulose-Pannwitz« bekannte Lungenarzt Prof. Gotthold Pannwitz. Ziel der Gesellschaft sei es, so erklärte ein aufwändig gestalteter Prospekt, das durch sein mildes Klima ausgezeichnete Madeira mit Sanatorien und Hotels »zu einem Weltkurort ersten Ranges« zu machen. Keine schlechte Idee, denn in diesen Jahren boomte nicht nur der Massen-, sondern auch der Luxustourismus – einige Jahre zuvor hatte oberhalb einer Steilküste das Reid's Palace eröffnet, Madeiras erstes Luxushotel, das fast ausschließlich vermögende britische Gäste empfing. Dem Vertreter des deutschen Unternehmens auf Madeira, dem portugiesischen Kaufmann Manuel Goncalves, war es 1903 gelungen, in Lissabon einige hochgestellte Persönlichkeiten »für sich einzunehmen«,[10] eine Konzession der Regierung für die Errichtung der Sanatorien zu erhalten sowie die Zusage, Landkäufe und Enteignungen bei Bedarf zu unterstützen.

Das hatte das Misstrauen der britischen Regierung geweckt. Die Deutschen hatten 1898 das Kaiserreich China gezwungen, Tsingtau für 99 Jahre an sie zu verpachten, Wilhelm II. trieb die Aufrüstung der Kriegsflotte voran und zuletzt die Marokko-Krise – der Expansionsdrang der Deutschen war nicht zu übersehen, schon gar nicht von England, das sich herausgefordert fühlte. Und dann ausgerechnet Madeira: Seit langer Zeit war die Insel, obwohl Teil Portugals, englisches Einflussgebiet, besiedelt von englischen Händlern, Hoteliers und Winzern wie Blandy. Die englische Regierung witterte eine imperialistische Aktion des deutschen Kaiserreichs, die englischen

Geschäftsleute fürchteten die Konkurrenz. Im November 1904 war in der Times wie bestellt ein Artikel erschienen, der vor dem deutschen »Riesenpolypen auf Madeira«[11] warnte. Als sich John Blandy weigerte, seinen Grund an die Deutschen zu verkaufen, und die portugiesische Regierung mit der Enteignung zögerte, schaltete die Vorbereitungs-Gesellschaft das Auswärtige Amt in Berlin ein und erbat eine Intervention in Lissabon. Blandy seinerseits wandte sich daraufhin mit demselben Ersuchen an London. Und so forderte das Auswärtige Amt in zwei Memoranden die Enteignung Blandys, während der englische Botschafter in Lissabon die portugiesische Regierung an einen Bündnisvertrag zwischen England und Portugal erinnerte und den Verzicht auf die Enteignung verlangte. Dann kamen Gerüchte auf, ein deutscher Flottenverband habe sich nach Lissabon in Bewegung gesetzt, und auch eine englische Schwadron sei von Gibraltar aus auf dem Weg an die portugiesische Küste.

Die englische Regierung war beunruhigt, die portugiesische Regierung in Panik, die deutsche Regierung ahnungslos – sie wusste nicht, dass sie kurz vor einem Krieg mit Portugal stand, denn sie hatte keine Kenntnis vom Eskalationsschub ihres Geschäftsträgers in Lissabon. Das angebliche Ultimatum stammte nicht vom Auswärtigen Amt, sondern nur von Hans Arthur von Kemnitz. Alle drei Regierungen waren Opfer eines der ambitioniertesten Betrugsprojekte des jungen 20. Jahrhunderts, denn nichts anderes war die Sanatorien auf Madeira GmbH, die Unternehmung einiger der reichsten Geschäftsleute Deutschlands. Der 49 Jahre alte Prinz Friedrich Karl zu Hohenlohe-Öhringen war der Vorsitzende des Aufsichtsrats der Gesellschaft, sein sieben Jahre älterer Bruder war der Finanzier, Christian Kraft Fürst zu Hohenlohe-Öhringen, Herzog von Ujest, Montanindustrieller in Oberschlesien. Und auch ihr 41 Jahre alter Cousin, der schwerreiche deutsch-österreichische Max Egon II. Fürst zu Fürstenberg, war führend beteiligt. Wie Christian Kraft war er ein Standesherr, das heißt ihre Vorfahren hatten 1806 mit der Auflösung des Heiligen Römischen Reiches ihre Souveränität verloren.[12]

Möglicherweise wussten nicht alle Gesellschafter, was es mit der Sanatorien auf Madeira in Wahrheit auf sich hatte, doch zumindest der Vorsitzende des Aufsichtsrats war im Bilde. Prinz Friedrich Karl interessierte sich nicht für Sanatorien, Hotels, Restaurants und Parks; das waren lediglich die Kulissen, hinter denen er die Eröffnung einträglicher Casinos plante, deren Betrieb auf Madeira allerdings verboten war. Die Insel sollte ein neues Monte Carlo werden, und die Konzession, die Manuel Goncalves im Auftrag Friedrich Karls von der portugiesischen Regierung bekommen hatte, war nur ein erster Schritt. Sogar der gutgläubige Professor Pannwitz, der eine »Denkschrift über die Madeira-Reise der hygienisch-technischen Kommission« verfassen und als Geschäftsführer der Sanatorien auf Madeira GmbH vorstehen durfte, war reine Tarnung. Zur Seite standen dem Prinzen sein intimer Freund Ernst Hofmann, ein übel beleumdeter Kaufmann aus Köln, sowie besagter Goncalves, der einige Jahre zuvor wegen Falschmünzerei im Zuchthaus gesessen hatte, sich nun aber wieder auf freiem Fuß befand und neue Herausforderungen suchte.

Am 13. März 1903, ein Jahr vor Gründung der Gesellschaft, hatte Hofmann in Monte Carlo einen geheimen Vertrag mit César Ritz, dem berühmtesten Hotelier seiner Zeit, einem Hauptmann a. D. von Blottnitz und einer »vorläufig ungenannt bleibenden Person« geschlossen, die niemand anders war als Friedrich Karl. Die vier Unterzeichner hatten sich auf die Gründung einer Gesellschaft verständigt, deren Zweck es war, »die Konzession zur Einrichtung eines Hotels in Madeira, verbunden mit der Konzession zur Einrichtung eines Kasinos von gleichem Charakter wie dasjenige in Monte Carlo, zu erlangen«.[13] Alle Gesellschafter hatten sich verpflichtet, darüber »das strikteste Geheimnis zu bewahren« und für den Fall des Verstoßes eine »Konventionalstrafe« in Höhe von 5000 Pfund Sterling zu zahlen. Und sie hatten vereinbart, »Tätigkeiten jeder Art« auszuüben, die im Interesse der Gesellschaft erforderlich seien. Wenig später war es Goncalves gelungen, in Lissabon »hochgestellte Persönlichkeiten« für die Interessen des deutschen Unternehmens zu gewinnen und die Konzession zu bekommen. Am 11. Juni 1903 überbrachte er Ernst Hofmann die gute Nachricht und verhöhnte die leichtgläubigen deutschen Journalisten, die auf die Täuschungsmanöver Friedrich Karls hereingefallen waren: »Diese glauben jetzt, daß wir nicht spielen lassen wollen, aber jetzt kann ich versichern, daß Sie in Madeira so viel Sie wollen spielen können, protegiert durch das magische Sanatorium [...] Wenn man in dieses Land erst einmal einen Fuß gesetzt hat, so verschwinden alle weiteren Schwierigkeiten von selbst.«[14] Zumindest für einige Zeit. Tatsächlich begann die Vorbereitungs-Gesellschaft mit dem Bau des Sanatoriums Santa Anna, Immobilien wurden gekauft, die Firma Goncalves & Cie eröffnete ein Kohlendepot, eine eigene Zeitung – der Heraldo de Madeira – wurde herausgegeben. Die portugiesische Regierung war so beeindruckt, dass sie in Berlin anfragen ließ, ob Bedenken dagegen bestünden, Ernst Hofmann mit dem Kommandeurkreuz des Christus-Ordens auszuzeichnen.

Nicht nur die amerikanische und britische – und Teile der deutschen – Presse hatten von Anfang an geargwöhnt, der wahre Zweck des Unternehmens seien Casinos. Auch der deutsche Gesandte in Lissabon, Christian Graf von Tattenbach, hatte die Wahrheit früh geahnt und schon 1903 entsprechend nach Berlin berichtet. Doch hatte Pannwitz, von der Wohltätigkeit des Projekts vollkommen überzeugt, in einem Schreiben an Tattenbach noch im November 1904 gegen alle »Treibereien« energisch protestiert: »Die Sanatorien-Unternehmung ist von Seiten des Konzessionsinhabers in einer über jeden Zweifel erhabenen fairen Weise entwickelt worden und bietet dafür, dass dies auch in Zukunft geschieht, durch die beteiligten Persönlichkeiten jede Gewähr.« Aber schon am Ende desselben Monats hatte

Pannwitz sich mit Hofmann überworfen und vom Aufsichtsrat gegen den Kaufmann ein Verfahren verlangt, das »der Offizier und Beamte Disziplinar-Untersuchung nennt«. Der Aufsichtsrat unter dem Vorsitz von Prinz Friedrich Karl verweigerte nicht nur das Verfahren, sondern platzierte Hofmann sogar als seinen mit »plein pouvoir« (unbeschränkter Vollmacht) ausgestatteten Vertrauensmann in der Geschäftsstelle der Gesellschaft und berief ihn Ende Dezember in den Aufsichtsrat.

Pannwitz' Vermutung, dass Hofmann ihn aus der Gesellschaft herausdrängen sollte, wurde zur Gewissheit, als Friedrich Karl im März 1905 die Madeira-Aktiengesellschaft gründete, die sich von der Vorbereitungs-Gesellschaft vor allem in drei Punkten unterschied. Erstens betrug ihr Kapital nicht mehr 800 000, sondern acht Millionen Mark. Zweitens kam in ihrem Statut das Wort »Sanatorien« nicht mehr vor. Drittens hieß ihr Geschäftsführer, nachdem Legationsrat Hermann vom Rath – nach Einschätzung des Kaisers ein »versoffener Spieler«[15] – kurz nach seiner Berufung abgetreten war, Ernst Hofmann.

Jetzt endlich begriff Pannwitz, dass er der Strohmann eines Schwindelunternehmens gewesen war: »Die Sanatoriensache ist [...] nur Deckmantel.« Er trat als Geschäftsführer zurück und begann eine Kampagne gegen Hofmann, die das Bild vom hochadligen Madeira-Projekt in der deutschen Öffentlichkeit rapide veränderte: Die Nachrichten über Prinz Friedrich Karl, Ernst Hofmann und deren Vertraute wanderten vom Wirtschaftsteil der Zeitungen in die Rubrik »Aus dem Gerichtssaal«. Wenige Tage vor der Reise Wilhelms nach Portugal erreichte den Gesandten Tattenbach ein Brief von Pannwitz, in dem dieser angesichts »des bevorstehenden Kaiserbesuchs in Lissabon« die »eigenartigen Verhältnisse« in der Madeira-Gesellschaft offenlegte, insbesondere die Rolle, die Hofmann dabei spielte. Wie es »der Zufall fügte«, schrieb Pannwitz, habe er von einem befreundeten Richter, dem er die Madeira-Affäre geschildert habe, folgendes

Schreiben erhalten: »Rascher als ich gedacht, bin ich mit Herrn Hofmann, früher in Köln, jetzt unbekannten Aufenthalts, bekannt geworden. Heute stand in unserer Kammer eine Klage eines Züricher Rentiers wegen eines fälligen Teilbetrags von 86 500 M. gegen Herrn Hofmann, jetzt Vorstandsmitglied der Madeira-Gesellschaft, an. Hofmann hatte den Kläger vor Jahren um 600 000 M. erleichtert, da der Kläger kein Geld wiedersah, klagte er schließlich. Von Hofmann lag sogar notarielle Anerkenntnis seiner Schuld vor. In dem Prozesse selbst wird sein Vorleben aufgedeckt und er als ein Industrieritter schlimmster Sorte geschildert, der sich nicht scheue, heute zu erklären, dass wenn er verurteilt würde, er sofort ins Ausland reisen würde.« Ähnliche Warnbriefe von Pannwitz erhielten offenbar auch einige portugiesische Behörden, der Leibarzt des Königs von Portugal und das Auswärtige Amt in Berlin. Doch zunächst reagierte nur Ernst Hofmann. Er verklagte Pannwitz wegen Beleidigung, weil der ihn als »Schwindler« bezeichnet hatte. Pannwitz wurde zu einer Geldstrafe in Höhe von dreißig Mark verurteilt, obwohl festgestellt wurde, dass mit der Erlangung der Konzession für die Madeira-Gesellschaft die »Unlauterkeit Hofmanns« bewiesen sei – allerdings sei nicht festgestellt, »dass die Unlauterkeit eine dauernde Eigenschaft Hofmanns« sei. Damit hatte eine Serie von Beleidigungsklagen, Meineidverfahren und Rufmord-Prozessen begonnen, die noch jahrelang die Berichte über die Madeira-Gesellschaft füllten.

Wenn der deutsche Gesandte in Lissabon schon 1903 an die wohltätigen Zwecke des Madeira-Unternehmens nicht recht glauben mochte, wenn er unmittelbar vor dem Lissabon-Besuch des Kaisers nachdrücklich gewarnt wurde – wie konnte es dann geschehen, dass sein Stellvertreter Hans Arthur von Kemnitz im November 1905 für das betrügerische Projekt die Enteignung auf Madeira erzwingen wollte und die portugiesische Regierung mit einem angeblichen Ultimatum – nicht nur ohne Zustimmung, sondern ohne Kenntnis seiner

Zentrale in Berlin – zu bluffen versuchte? Erstens hatte Kemnitz freie Hand. Tattenbach hatte als ausgewiesener Marokko-Experte Wilhelm nach dessen Lissabon-Besuch nach Tanger begleitet und war bald nach seiner Rückkehr so schwer erkrankt, dass er sich in ein echtes Sanatorium begeben musste, so dass Kemnitz ihn vom 26. Juli 1905 bis 14. Mai 1906 als Geschäftsträger vertrat. Zweitens hatte Kemnitz in Berlin offenbar, jedenfalls für einige Zeit, Verbündete. So wie der Kaufmann Goncalves in Lissabon »hochstehende Persönlichkeiten« für sich eingenommen hatte, so hatten seine Auftraggeber in Berlin – mit Hilfe einiger zehntausend Mark[16] – Unterstützer im Auswärtigen Amt gefunden. Und drittens hatte Kemnitz ein starkes Motiv. Der Legationssekretär war fest entschlossen, England endlich einmal die Stirn zu bieten und zugleich mit dem Coup in Lissabon seine Karriere zu beschleunigen. War es bisher seine frustrierende Aufgabe gewesen, Pressemappen zusammenzustellen und Visa-Anträge zu bearbeiten, blühte er nach Übergabe der Geschäfte durch Tattenbach auf. Das Engagement, das er in seiner kurzen Zeit als Geschäftsträger für das hochadlige Betrugsprojekt zeigte, dürfte ohne Beispiel sein. Einerseits unterdrückte er alle Dokumente, die die geplante Gaunerei bewiesen. Andererseits schrieb er unermüdlich Berichte, in denen er von Berlin schärfere Drohungen gegen die portugiesische Regierung verlangte und immer abstrusere Vorschläge machte, Lissabon zur Enteignung auf Madeira zu zwingen – durch koordinierte Verkäufe von portugiesischen Staatsanleihen könnten die Finanzen Portugals an den internationalen Finanzmärkten so unter Druck gesetzt werden, dass die derzeitige Regierung stürze, ihre Nachfolger würden bestimmt gefügiger sein. Schließlich wurden Kemnitz' Berichte von den Beamten in Berlin, die die Enteignung anfangs noch unterstützt hatten, gar nicht mehr gelesen. Das war ein Fehler, denn so hatte niemand bemerkt, dass der deutsche Geschäftsträger in Lissabon zu einer »loose cannon« geworden, mit anderen Worten: vollkommen aus dem Ruder gelaufen war.

Der portugiesische Ministerpräsident war ratlos und offenbar erschüttert, dass das deutsche Kaiserreich wegen einer verzögerten Enteignung für eine Sanatorien-Gesellschaft einen Krieg in Aussicht stellte. Konsterniert schrieb er Kemnitz, seine Regierung sei an guten Beziehungen zu Deutschland »lebhaft« interessiert, doch gebe sie zu bedenken, dass »die Angelegenheit, um die es sich handelt, verhältnismäßig gering ist«. Nicht davon überzeugt, mit dem Appell an die Vernunft bei den Deutschen Erfolg zu haben, wandte sich die portugiesische Regierung an ihren Verbündeten in London. Dort hielt man die Angst der Portugiesen zwar für übertrieben – nicht einmal die drohwütigen Deutschen würden wegen ein paar Sanatorien einen Weltbrand riskieren –, doch wurde vorsorglich der britische Botschafter in Berlin in Bewegung gesetzt. Sir Frank Lascelles sprach bei Reichskanzler Bülow vor, der sich schockiert zeigte vom Amoklauf des subalternen Diplomaten in Lissabon und versprach, die Sache im Sinne der englischen und portugiesischen Regierung zu klären. Der Krieg fiel aus, Kemnitz wurde wenig später nach Peking versetzt, John Blandy durfte seine Farm behalten, und die Deutschen bauten weder Sanatorien noch Casinos auf Madeira. Am 2. März 1906 meldete der Londoner Standard: »So endet die Geschichte des Sanatoriums auf Madeira, die beinahe zur Erschütterung Europas geführt hätte.«[17]

Das war zumindest voreilig. Weder Prinz Friedrich Karl noch seine Geschäftsfreunde Ernst Hofmann und Manuel Goncalves waren bereit, Madeira mit leeren Taschen zu verlassen. Als schon feststand, dass man sich nicht länger auf die – wissentliche oder unwissentliche – Mithilfe der deutschen Regierung verlassen konnte, kam Ernst Hofmann der Gedanke, eine Madeira-Goldminen-Aktiengesellschaft zu gründen. Anfang 1906 landete auf dem Schreibtisch eines Berliner Geologen eine mit Erden und Erzen gefüllte Kiste und ein Begleitschreiben mit der Bitte, den Inhalt auf seinen »Goldgehalt« zu untersuchen. Der Professor fand kein Gold, Hofmann schickte die nächste Kiste, wieder fand der Geologe nichts, in der dritten Sendung aber wurde er endlich fündig. Allerdings war das Gold nicht natürlicher Bestandteil der Lieferung, sondern offensichtlich irgendwo abgekratzt und der Erde beigemischt worden.

Empört bestellte der Geologe Hofmann telegrafisch ein, der aber alles bestritt und die Schuld auf Manuel Goncalves schob, der nun mal ein »Schwindler« sei. Dennoch sei er, Hofmann, davon überzeugt, auf Madeira Gold zu finden, weshalb er den Professor bitte, auf Kosten der Madeira-Aktiengesellschaft vor Ort zu suchen. Tatsächlich ließ sich der Geologe zu der Expedition überreden. Nachdem er auf der Insel erwartungsgemäß nicht ein einziges Goldkorn gefunden hatte, versuchte Hofmann, der Phantasie des Geologen auf die Sprünge zu helfen: »Nun, wir wollen ja nicht, daß Sie in Ihrem Berichte sagen, Sie hätten Gold gefunden, Sie sollen nur die Möglichkeit zugeben, daß sich hier Gold finden könne.« Als der Professor erwiderte, er gebe überhaupt nichts zu, erklärte Hofmann ihre Zusammenarbeit für beendet: »Na, mein Lieber, für unser Unternehmen können wir Sie nicht brauchen – Sie sind uns denn doch zu sehr Ehrenmann.«[18]

Für einen unkomplizierteren Weg der Bereicherung hatte sich Manuel Goncalves entschieden. Als der frühere Zuchthäusler in den Dienst der Madeira-Aktiengesellschaft getreten war, hatte er »keinen roten Pfennig«.[19] Doch schon nach kurzer Zeit hatte er 200 000 Mark auf dem persönlichen Konto und war in Funchal Eigentümer eines Hotels – ohne Wissen der Aktionäre eingerichtet mit den Möbeln und der Bibliothek der Gesellschaft –, einer Villa – die er dem Zolldirektor von Madeira inklusive einer gefüllten Vorratskammer vorsorglich unentgeltlich zur Verfügung stellte – sowie mehrerer Schiffe: »Alle seine Besitzungen haben einen bedeutenderen Wert als die unfertigen Gebäude der Sanatoriengesellschaft, mit deren Geld sie wahrscheinlich erworben wurden.«[20] Mit einer etwas zu üppig ausgefallenen Spesenabrechnung hatte er es jedoch eines Tages übertrieben. Er wurde nach Berlin einbestellt, wo er sich – wie sein Hausblatt, der Heraldo de Madeira, beschwichtigend meldete – vor dem Aufsichtsrat in »allen Anklagen«[21] rechtfertigte. Das wird ihm nicht leichtgefallen sein, denn er hatte von der Gesellschaft die Bezahlung von 250 000 Mark Spesen für die Legung einer Kanalisation von seiner Villa zum Hafen gefordert.

Aber Manuel Goncalves wurde von Friedrich Karl noch gebraucht, um die Sanatorien-Konzession doch noch zu Geld zu machen. Nachdem sich seine Pläne auf Madeira zerschlagen hatten, präsentierte Prinz Friedrich Karl der portugiesischen Regierung zunächst eine Schadensersatzforderung. Er hatte einen gerichtlichen Bücherrevisor beauftragt, alle bisher entstandenen Kosten der Sanatorien-Planung zu berechnen. Der Revisor hatte in einem »Memorandum« eine Summe von »acht Millionen zweihundertsiebentausend dreihundertundsiebenundzwanzig Mark 15 Pf.« ermittelt, aufgerundet um den »Betriebswert der Konzession für die Zukunft« um 1 792 672 Mark, 85 Pfennig, alles in allem: genau zehn Millionen Mark. Portugal war ein armes Land, die geforderte Summe hätte den Staatshaushalt gesprengt. Die Regierung erwog, eine Staatsanleihe aufzulegen. Da meldeten englische Zeitungen, ein »britischer Kapitalist« namens John Williams habe angeboten, Prinz Friedrich Karl die Konzession für zehn Millionen abzukaufen, sofern das portugiesische Parlament der bisherigen Konzession zum Bau der Sanatorien und Hotels eine weitere hinzufüge – eine Casino-Konzession.

In ihrer Not war die portugiesische Regierung zu Verhandlungen bereit und führte bereits Gespräche mit Williams, als in der portugiesischen Presse Artikel erschienen, die enthüllten, wer sich hinter dem vermeintlichen Retter verbarg: Manuel Goncalves, Ernst Hofmann und selbstverständlich Prinz Friedrich Karl. Williams war ihr Strohmann, der dem Prinzen – natürlich nur auf dem Papier – zehn Millionen Mark für die Abtretung der dann um die Casino-Erlaubnis angereicherten Sanatorien-Konzession überweisen sollte.²² Ein glänzendes Geschäft, das allerdings nicht zustande kam – das Parlament lehnte die Spiel-Konzession ab, und der portugiesische Ministerpräsident beklagte sich beim deutschen Gesandten Tattenbach, »dass für den Prinzen und seine Agenten von Anfang an der Betrieb des gewerbsmäßigen Spiels das Ziel ihrer Bestrebungen gewesen sei und die humanitären Ziele nur den Vorwand gebildet hätten«. In seinem Bericht über das Gespräch mit dem portugiesischen Ministerpräsidenten an Reichskanzler Bülow vom 25. Februar 1907 beschwerte sich Tattenbach: »Es ist keine angenehme Sache, für die Interessen dieser Gesellschaft gegenüber der portugiesischen Regierung eintreten zu müssen.« Es wäre besser gewesen, dem Prinzen klarzumachen, dass es nicht Aufgabe des Auswärtigen Amtes sei, sich um seine Interessen zu kümmern: »Leider ist das nicht geschehen.«

Der Ministerpräsident hatte Tattenbach gegenüber zudem behauptet, Friedrich Karl habe nicht nur die portugiesische Regierung und das Auswärtige Amt in Berlin hinters Licht geführt, »sondern auch seinen Bruder, den Herzog«, Christian Kraft Fürst zu Hohenlohe-Öhringen. Dagegen spricht zum einen, dass es Christian Kraft gewesen war, der in der Madeira-Affäre das Schmiergeld für die Beamten des Auswärtigen Amtes zur Verfügung gestellt hatte.²³ Zum anderen war Christian Kraft als bedeutender Montanmagnat ein erfahrener Unternehmer. Im Übrigen war der Name Ernst Hofmanns, spätestens seit die deutsche Presse regelmäßig und ausführlich über seine Prozesse im Streit mit Prof. Pannwitz berichtete, nicht nur in der Geschäftswelt bekannt und berüchtigt. Das kann Christian Kraft nicht verborgen geblieben sein, ebenso wenig wie der in allen größeren Zeitungen diskutierte Verdacht, schwerreiche Vertreter der Hocharistokratie planten klandestin ein neues Monte Carlo auf Madeira. Und wie der Fortgang der Geschichte zeigt, schätzte Christian Kraft an seinem Vertrauten Hofmann, dem gescheiterten Goldgräber, vor allem eines: sein Gespür für unkonventionelle Geschäfte.

Im April 1907 sagten der Aufsichtsratsvorsitzende Prinz Friedrich Karl und sein Stellvertreter, Max Egon II. Fürst zu Fürstenberg, der Madeira-Aktiengesellschaft überraschend Valet. Der Gesellschaft war es zwar gelungen, der portugiesischen Regierung die Sanatorien-Konzession für fast fünf Millionen Mark (genau: 4 957 301,18 Mark) zurückzuverkaufen. Jedoch blieb – die Berechnungen des Bücherrevisors zugrunde gelegt – ein Verlust von fünf Millionen Mark. Das war für die kapitalkräftigen Aktionäre kein Problem, aber es war das Ende der Gesellschaft. Friedrich Karl gab auf einer ordentlichen Generalversammlung bekannt: »Die schon im Geschäftsbericht erwähnten Schwierigkeiten mit Portugal, welche auf die Entwicklung der Gesellschaftsunternehmungen in Madeira hemmend einwirkten, haben den Gedanken nahegelegt, die ursprünglich beabsichtigte Beschränkung aufzugeben.« Madeira werde aus dem Statut gestrichen, das Kapital auf 15 Millionen Mark erhöht.

Eine neue Gesellschaft würde entstehen. Nicht mehr Prinz Friedrich Karl würde das Sagen haben, sondern ihre beiden reichsten Geldgeber, Christian Kraft Fürst zu Hohenlohe-Öhringen und Max Egon II. Fürst zu Fürstenberg. Hatte die Madeira-Aktiengesellschaft nur Roulettetische auf der Atlantikinsel aufstellen wollen, würde die neue Gesellschaft in Berlin selbst ein gigantischer Roulettetisch sein, der größte, den das Kaiserreich jemals gesehen hatte, mit den höchsten Einsätzen und den spektakulärsten Verlusten, mit den verwegensten und dilettantischsten Spielern und mit dem unfähigsten und skrupellosesten Croupier. Er eröffnete das Spiel am 24. April 1908: »Der in der III. ordentlichen Generalversammlung unserer Gesellschaft gefasste Beschluss, die bisherige Firma Madeira Aktiengesellschaft umzuwandeln in: Handels-Vereinigung Aktiengesellschaft ist heute in das Handelsregister eingetragen worden.« Gezeichnet: Ernst Hofmann.

Noch ehe zum ersten Mal die Kugel rollte, war das Millionen-Spiel berühmt. Man nannte es den Fürstentrust.

ERSTER SPIELER
Christian Kraft

Der Mensch ist, was er hat. Zum Beispiel ein Vermögen von 151 Millionen Mark[1] und ein Jahreseinkommen von 7 Millionen Mark; er hat in Oberschlesien mit der Hohenlohe-Werke AG ein Bergbauimperium mit zehntausend Arbeitern und Angestellten sowie eine Residenz in Slawentzitz mit Schloss, Dienerschaft und angeschlossenem Bahnhof, in Javorina in der Hohen Tatra ein Jagdschloss mit 38 000 Hektar Wald – zur Jagd werden Wisente aus Polen, Steinböcke vom Sinai und Hirsche aus dem Kaukasus importiert –, in Franken Schlösser und mehr als fünftausend Hektar Ländereien und in Berlin-Grunewald eine Villa; er hat ein Vollblutgestüt, Automobile und Chauffeure, und er hat sogar, nach kurzem Studium in Bonn, juristische Grundkenntnisse. Er ist einer der größten Zinkproduzenten der Welt, einer der bekanntesten Jäger Deutschlands und Österreich-Ungarns, Vizepräsident des Deutschen Automobilverbandes und Vorsitzender des Berliner Pferderennclubs Union. Er ist Mitglied des preußischen Herrenhauses und des Reichstages. Er ist einer der reichsten Deutschen: Christian Kraft Fürst zu Hohenlohe-Öhringen, Herzog von Ujest.

Seit dem Tod des Vaters, Fürst Hugo, 1897 ist Christian Kraft als ältestes von acht Geschwistern Oberhaupt des fränkischen Adelsgeschlechts. Er wurde am 21. März 1848 in Öhringen geboren, dem

Tag, an dem der preußische König Friedrich Wilhelm IV. mit schwarz-rot-goldener Schärpe durch Berlin ritt und scheinheilig »Deutschlands Freiheit, Deutschlands Einigkeit« versprach, drei Tage nachdem seine Soldaten mehr als dreihundert Bürger von den Barrikaden geschossen hatten. Christian Kraft ist also ein Kind der Revolution, ein Revolutionär aber ist er nicht. Wie sein Vater, der Vizepräsident des Reichstages war, beschäftigt er sich zwar mit Politik und ist Abgeordneter der deutschkonservativen Partei, die Bismarck über dessen Tod hinaus treu ergeben ist, doch über die Jahre hat er die Lust daran verloren: »Die Politik wird jetzt so ekelhaft betrieben u. es wird so haarsträubender Blödsinn zu Tage gefördert, dass ich eigentlich gar nicht mehr in den Reichstag gehe.«[2] Und wie sein Vater, der 1866 als Generalleutnant an der Schlacht von Königgrätz teilgenommen hatte, war auch Christian Kraft in die Reichsgründungskriege gezogen, hatte aber auf eine militärische Laufbahn verzichtet.

Weder in der Politik noch beim Militär entwickelt Christian Kraft also besonderen Ehrgeiz. Selbst als er 1894 zum königlichen Oberstkämmerer avancierte – ein Ehrenamt, das ihn immerhin zur ersten Charge am preußischen Hof machte, noch vor dem Ministerpräsidenten, dem Generalfeldmarschall und den Häuptern der fürstlichen Familien[3] –, hat ihn das nur wenig beeindruckt. Als es 1899 zu einem Streit mit dem Kaiser kam, legte er das Amt kurzerhand nieder. Schwerer wird ihn die Reaktion Wilhelms II. getroffen haben. Der »nervöse« Kaiser war für seine Schießwut berüchtigt, die Gelegenheit zur Jagd ließ er sich kaum jemals entgehen.[4] Aber die Einladung Christian Krafts zur Jagd in Slawentzitz hatte er, wie die Berliner Salonnière Baronin Spitzemberg in ihrem berühmten Tagebuch berichtet, wütend ausgeschlagen, »für die doch der Herzog 16 000 lebende Fasanen hat aufkaufen lassen, die nun ihn fast auffressen, eine Ausgabe von etwa 80 000 M!«[5] Das war eine Beleidigung nicht nur des Fürsten, sondern auch des Waidmanns Christian Kraft, dessen »erstklassige Jagderfolge« die europäische Presse feiert: »In der Tatra besitzt Fürst Hohenlohe eines der schönsten Jagdreviere Europas, und hier erbeutete er in der diesjährigen Brunftzeit einen Hirsch, der förmlich an die sagenhaften Gestalten vergangener Jahrhunderte erinnerte. Dieser Riese unter den Cerviden wog nicht weniger als 379 Kilogramm (aufgebrochen 312 Kilogramm), während ein um 100 Kilogramm leichterer Hirsch als Kapitalstück bei uns bezeichnet wurde.«[6]

Noch populärer als der Jäger ist der Pferderennstallbesitzer Christian Kraft, ein Liebling der Sportseiten der deutschen und österreichischen Presse, die über seine Triumphe ausführlich berichten. Als er sich entschließt, alle Pferde österreichisch-ungarischen Trainern anzuvertrauen, würdigt die Wiener Zeitung Sport und Salon den reichsdeutschen »Sportsman« mit Foto (»Se. Durchlaucht Fürst Christian Kraft zu Hohenlohe-Oehringen«) und einem ausführlichen Artikel: »Jetzt steht die gesamte stattliche Streitmacht, mit welcher der Fürst in diesem Jahr in die Ereignisse unseres und des deutschen Turfs eingreifen wird, in Alag in den Stallungen Charley Planners, zu dessen Hauptpatron der deutsche Grandseigneur geworden ist. Das Lot des Fürsten zählt heuer 16 Köpfe.«[7] Zwischen 1903 und 1912 gewinnen 67 Pferde Christian Krafts 76 Rennen auf österreichischen Bahnen und brachten ihm Siegprämien in Höhe von 883 730 Kronen ein.[8]

Als Jäger und als Sportsmann geht er in die Vollen, in privaten Dingen ist er eher vorsichtig. Er lebt ohne Trauschein mit der zwanzig Jahre jüngeren Gräfin Ottilie Lubraniec-Dambska geb. Brauns zusammen. Die aus dem Bürgertum stammende Geliebte hatte auf Drängen Christian Krafts den buckligen polnischen Grafen Dambski geheiratet, der sich nach der Hochzeit alsbald wieder scheiden lassen und verschwinden musste.[9] Aber auch als Gräfin hat Ottilie keine Aussicht, jemals die Frau des Fürsten zu werden – das Gesetz des Fürstlichen Gesamthauses Hohenlohe verbietet es. Als standesgemäß gelten nur Heiraten mit Mitgliedern des hohen Adels, ausnahmsweise auch sonstige fürstliche oder altgräfliche Personen. Ein Regelverstoß würde Christian Kraft Titel und Vermögen kosten. So ist es seinem sechzehn Jahre jüngeren Bruder Prinz Hugo ergangen, der sich seit der Hochzeit mit einer Zirkusreiterin Graf von Hermersberg nennen muss. Auch Christian Krafts wegen Verschwendung entmündigter Cousin Alexander zu Hohenlohe-Öhringen, für den der Fürst die Vormundschaft übernommen hat, ist Opfer des Hausgesetzes geworden: Nach seiner Heirat mit Elsa von Ondarza, der Tochter eines vermögenden Hamburger Kaufmanns, wurde der Prinz zum Freiherrn von Gabelstein herabgestuft.

Die Heirat ist vermutlich das Einzige, worauf Gräfin Ottilie an der Seite Christian Krafts verzichtet. Der Luxus, mit dem er sich umgibt, ist so überwältigend, dass der Theologiestudent und künftige Schriftsteller Heinrich Wolfgang Seidel, der einige Monate in der Residenz Slawentzitz lebt, in einem Brief an seine Eltern kaum Worte findet: »Draußen Elend und Schmutz, innen unerhörte Pracht und Verschwendung. Es lässt sich gar nicht beschreiben, welch ein Paradies dieser endlose Park ist und welch ein Glanz über dem Schloss liegt, wenn die Sommersonne scheint. Der Fürst lebt wie Lukull und wahrscheinlich besser als der Kaiser. Nur für den Herrschaftstisch werden oft täglich 30 Hühner gebraucht, nur für ihn sind im letzten Monat 3000 Eier verschwendet worden. Wenn das Feuer in der Küche nicht brennen will, so fliegt ein Pfund Butter hinein. Heute ist ein Mann aus Berlin da, der dem Fürsten die Haare schneidet – wenn das fertig ist, reist er wieder ab, nachdem er sich vorher noch gehörig satt gegessen hat.« Christian Krafts Chauffeur, schreibt Seidel, rühme sich, »schon auf kürzeren Strecken zehn Hunde totgefahren zu haben; und auch sonst gibt es Dinge, über die die Diskretion schweigt. Jedenfalls ein fabelhafter interessanter Ort«.[10]

Warum sich Christian Kraft mit sechzig Jahren nicht mit der kommoden Existenz als Großgrundbesitzer und Großindustrieller begnügt, sondern die Abenteuer im Leben eines Großspekulanten sucht, ist nicht bekannt. Einige Zeitgenossen vermuten, der Feudalherr wolle beweisen, dass er die Regeln des Kapitalismus so gut beherrsche wie einige besonders erfolgreiche Standesgenossen.[11] Andere glauben, dem Fürsten sei langweilig, er habe keine Lust, »nur als Rentier seiner Jagdleidenschaft nachzugehen«.[12] Richtig ist jedenfalls die Diagnose, die Christian Kraft eine »starke und allenthalben sehr wenig glückliche Neigung zu umfassender kaufmännischer Betätigung«[13] bescheinigt, mit anderen Worten: Er gefällt sich als Unternehmer und als Spekulant, obwohl er in beiden Rollen eher eine traurige Figur macht. Als er 1908 mit seinem Cousin Max Egon in der Berliner Dorotheenstraße den Fürstentrust eröffnet, hat er durch waghalsige Spekulationen bereits einige Millionen verloren.

Immerhin ein Groß-Projekt ist Christian Kraft in jüngster Zeit gelungen. Er hat seinen gesamten industriellen Besitz in eine Aktiengesellschaft, die Hohenlohe-Werke AG, umgewandelt und dafür 1905 eine einmalige Abfindung von 44 Millionen Mark und eine jährliche »ewige Rente« von jährlich drei Millionen Mark erhalten. Für die Seriosität der Aktion hatte der Chef der Berliner Handelsgesellschaft gebürgt, Carl Fürstenberg, einer der reichsten und respektabelsten Bankiers dieser Jahre, der dem Aufsichtsrat der neuen Aktiengesellschaft vorsitzt. Aber andere Geschäfte Christian Krafts waren weder besonders ertragreich noch wirklich seriös.

Der Madeira-Coup war nicht sein erster Versuch, mit dem Einsatz erheblicher Mittel auf kürzestem Weg einen gewaltigen Gewinn zu erzielen; andere Projekte waren nur deutlich leiser gescheitert, auch wenn sie ebenfalls Verluste in Millionenhöhe einbrachten. Bereits Ende 1898 hatte Christian Kraft mit Max Schoeller, einem Jülicher Zuckerfabrikanten, in der Kolonie Deutsch-Ostafrika die Kaffeeplantage Sakarre gegründet, wobei Ernte und Dividende eher dürftig blieben.[14] Wenige Monate später, Ende Juli 1899, hatten die beiden dann eine Konzession zur Gründung der Gesellschaft Nordwest-Kamerun erhalten, die ihnen erlaubte, die Kautschukbestände eines

90 000 Quadratkilometer großen Gebiets in der deutschen Kolonie zu plündern.[15] Als Vorbild diente ihnen die Gründung der deutsch-belgischen Gesellschaft Süd-Kamerun, deren Börsengang im Februar 1899 einen wahren Taumel ausgelöst hatte: Der Spekulationsgewinn der Gründer soll 16 Millionen Mark betragen haben. Der Plan, das lukrative Geschäftsmodell nachzuahmen, scheiterte jedoch, als die Deutsche Bank, die Christian Kraft und Schoeller mit der Ausgabe der Aktien beauftragt hatten, Erkundigungen über das Konzessionsgebiet einholte. Laut Kennern der Gegend sei das Unternehmen »völlig aussichtslos«,[16] und so waren die Gründer auf ihren Aktien sitzengeblieben. Christian Kraft hatte zwei Millionen, Max Schoeller eine Million eingezahlt. Als sich Christian Kraft 1905 Madeira zuwandte, war sein Spekulationsobjekt in Afrika faktisch seit einem Jahr bankrott.[17]

Auch sein Plan, zusammen mit Vetter Max Egon sein Geschäftsfeld nach Asien zu erweitern, kommt nicht recht voran. Mit Tsingtau hatte das deutsche Kaiserreich den schon lange angestrebten Stützpunkt in Ostasien bekommen. Sogleich waren deutsche Kaufleute aufgebrochen, um die Früchte der kaiserlichen Kolonialpolitik zu ernten, genauer: die berühmte Shandong-Seide. 1902 war die Deutsch-Chinesische Seiden-Industrie-Gesellschaft gegründet und eine Fabrik errichtet worden, die zwar hervorragende Seide produzierte, aber keine Gewinne machte. Die Gesellschaft war »von vornherein zu großspurig vorgegangen und musste bald ihren Betrieb einstellen«.[18] Aber weil das Unternehmen fortbesteht, sitzen Max Egon und Christian Kraft im Jahr 1908 noch immer im Aufsichtsrat des sogenannten Magnatensyndikats.[19]

Selbst auf einem vertrauten Geschäftsfeld, dem Kohlebergbau, erleidet er einen Fehlschlag, weil er Betrügern aufsitzt. Auf Anregung seines für die österreichischen Geschäfte zuständigen Direktors Arthur Knöpfelmacher – eines früheren Wechselstubenbetreibers mit »fadenscheiniger Reputation«,[20] der einige Jahre zuvor wegen Betrugsverdachts in Untersuchungshaft gesessen hatte und nur durch einen zivilrechtlichen Vergleich eine Verurteilung abwenden konnte[21] – hatte er im Jahr 1904 Braunkohlefelder in der Nähe von Budweis (Südböhmen) gekauft. Eingefädelt hatte den Kauf sein Jugendfreund Graf Rudolf Kinsky, ein erfolgloser Spekulant, dessen jüngstes Projekt ein Jahr zuvor mit dem Suizid seines Beraters und seinem eigenen Bankrott geendet hatte, der aber weiterhin »das unbeschränkte Vertrauen des Fürsten«[22] besaß. Zusammen mit einem Kaufmann und einem Rechtsanwalt hatte Knöpfelmacher nicht nur den Kauf der Kohlefelder abgewickelt, sondern bei einem Magdeburger Unternehmen Maschinen für zwei Brikettfabriken zum Preis von fünfeinhalb Millionen Mark bestellt. Dafür hatten sie umgehend 800 000 Mark Provision bezogen. Nachdem Christian Kraft bereits 1,5 Millionen Mark gezahlt hatte, stellte sich heraus, dass die Kohlefelder wenig ergiebig, die Fabriken also wertlos waren. Offensichtlich hatten leitende Mitarbeiter Christian Krafts bei der Aktion beide Augen zugedrückt, nachdem sie von Knöpfelmacher und dessen Komplizen geschmiert worden waren.[23] Es folgt eine Serie von Prozessen, an deren Ende der Anwalt seine Zulassung[24] und Christian Kraft einige Millionen verliert. Von seinem wichtigsten Mitarbeiter aber will sich der Fürst nicht trennen: Arthur Knöpfelmacher bleibt der Hohenlohe-Werke AG auch weiterhin erhalten – ausgerechnet als Finanzdirektor.

Ehe das große Spiel mit dem Fürstentrust beginnt, sind die Einsätze zu entrichten. Christian Kraft verfügt zwar über ein phantastisches Vermögen, kann aber nur zu Teilen darüber frei verfügen; der Rest ist durch ein sogenanntes Fideikommiss gebunden, das heißt, es ist unveräußerlich, um den Familienbesitz vor Zersplitterung zu schützen. Christian Kraft bringt unter anderem eine Reederei ein und eine kleine, in Berlin ansässige Bank mit Filialen in Jerusalem, Jaffa, Gaza, Haifa und Beirut.

Im September 1889 hatte eine Gruppe Hamburger Kaufleute die Deutsche Levante-Linie Aktiengesellschaft gegründet, deren Dampfer den deutschen Handel mit den Häfen an der Küste des östlichen Mittelmeeres beleben sollten. Der Zeitpunkt war günstig. Nicht nur das zur Weltmacht strebende deutsche Kaiserreich begann, sich für das angeschlagene Osmanische Reich zu interessieren, auch deutsche Unternehmen und Banken hatten den Orient als Absatzmarkt entdeckt. Ein Jahr vor der Gründung der Levante-Linie hatte ein Finanzkonsortium unter Führung der Deutschen Bank die Konzession zum Bau und Betrieb der anatolischen Eisenbahn von Istanbul nach Ankara erhalten, der Vorläuferin der Bagdadbahn, die von Südanatolien über Bagdad an die Küste des Persischen Golfs führen sollte. Aber die Erwartungen der Hamburger Geschäftsleute an den Dampferverkehr im Mittelmeer erfüllten sich zunächst nicht. Missernten, Choleraepidemien in Hamburg und in der Levante, niedrige Frachten und mehrere Schiffsverluste verdarben die Bilanzen. Zwischendurch hatte sich die Lage zwar für ein paar Jahre verbessert, so dass Anfang 1900 eine ansehnliche kleine Flotte von zwanzig Dampfern regelmäßig von Hamburg über Antwerpen die Häfen von Malta, Piräus, Smyrna und Konstantinopel anfuhr. Sehr bald aber war die Reederei durch Fehler der Geschäftsführung wieder ins Schlingern geraten. 1907 hatten sich so hohe Verluste aufgetürmt, dass das Unternehmen zusammenzubrechen drohte.

Aber sein Generaldirektor wusste sich zu helfen: Er war nämlich zugleich Direktor der Dampfschiffreederei Union Aktiengesellschaft, und an ihr hatte sich soeben Christian Kraft – zusammen mit dem Hamburger Reeder Robert Loesener – die Dreiviertelmehrheit gesichert. Dessen bewährte Konfidenten Prinz Friedrich Karl und Ernst Hofmann hatten sich bereiterklärt, in den Aufsichtsrat der Levante-Linie einzutreten, und auf einer Generalversammlung im Mai 1907 versprochen, das benötigte Kapital aufzubringen. Die Zusage war dann aber in Vergessenheit geraten, stattdessen war eine »Betriebsgemeinschaft« zwischen der Union und der Levante-Linie vereinbart worden, wonach die Union der Levante-Linie Schiffe zur Verfügung stellen sollte. Und sie sollte ihr ein Darlehen von 1 800 000 Mark gewähren, womit die Schulden der notleidenden Reederei zu begleichen wären. Die Union zahlte allerdings nur einen Teil in bar, der jedoch nicht zur Schuldentilgung verwendet wurde. (Wo das Geld blieb, ist ungeklärt.) Sie stellte auch keine eigenen Schiffe, sondern die einer weiteren Reederei, die für die Levante-Linie aber nutzlos waren. Diese dritte Reederei hieß Seetransport-Gesellschaft, ihr Geschäftsführer war Robert Loesener, ihr Gründer Christian Kraft.

Es folgten Rücktritte von Mitgliedern des Levante-Aufsichtsrats, die Einberufung einer außerordentlichen Generalversammlung der Aktionäre, die den Generaldirektor der Levante-Linie umgehend entließ, und die Einsetzung einer Revisionskommission, die im März 1907 ihren Bericht vorlegte, »der vor allem nachdrücklich rügte, daß Loesener, aber auch Prinz Hohenlohe und Hofmann beim Abschluß des Vertrages mit der Union wegen des Interesses an dieser Gesellschaft nicht als Vertreter der Levante-Linie hätten mitstimmen dürfen und daß vor allem Loeseners Tätigkeit bei diesem Vertragsabschluß seinen Verpflichtungen als Mitglied des Aufsichtsrats widersprochen habe«.[25] Daraufhin waren auch Loesener, Prinz Friedrich Karl und Hofmann zurückgetreten. Der neu besetzte Aufsichtsrat hatte auf der nächsten Generalversammlung eine Bilanz vorgelegt, wonach die Levante-Linie einen Verlust von fast drei Millionen Mark zu verzeichnen habe, hatte dafür aber in der Versammlung überraschend keine Zustimmung gefunden. Denn Christian Kraft, sein Bruder Friedrich Karl und Ernst Hofmann hatten unterdessen so viele Aktien gekauft, dass sie auch hier die Stimmenmehrheit hatten. Wieder traten Mitglieder des Aufsichtsrats unter Protest zurück, und ihre Nachfolger zeigten sich den Berechnungen des Hauses Hohenlohe-Öhringen gegenüber deutlich aufgeschlossener. In der neuen Bilanz war der Verlust um eine Million Mark gesunken. Sie wurde nicht veröffentlicht.[26]

Deutlich geradliniger ist die Geschichte der Deutschen Palästina-Bank AG verlaufen, die Christian Kraft ebenfalls in den Fürstentrust einbringt. Als Deutsche Palästina- und Orient-Gesellschaft GmbH 1896 unter anderem von Karl von der Heydt, einem Bankier und entschlossenen Förderer der deutschen Kolonialpolitik, mit dem bescheidenen Stammkapital von 100 000 Mark gegründet, hatte sie sich schon drei Jahre später in eine Aktiengesellschaft verwandelt, ausgestattet mit zunächst 450 000, bald darauf mit einer Million Mark Grundkapital. Zu den Gründern gehörte wiederum von der Heydt, jetzt aber in Gesellschaft von Christian Kraft und Max Schoeller, dem Jülicher Zuckerfabrikanten.[27] Der Zweck der Bank war die Förderung des deutschen Handels in der Levante.

Es ist kein Zufall, dass Christian Kraft ausgerechnet 1899 mit einer Bank in den Levante-Handel einsteigen will, schließlich hatte die mit gewaltigem Aufwand inszenierte zweite Orientreise des deutschen Kaisers ein Jahr zuvor weltweit Aufsehen erregt. Abdülhamid II., der tyrannische Sultan des Osmanischen Reiches, hatte den Deutschen angeboten, die anatolische Eisenbahn bis zum Persischen Golf weiterzuführen. Als das bereits erwähnte Bankenkonsortium unter der Führung der Deutschen Bank schon wenige Wochen nach Wilhelms Reise die Vorkonzession für den Bau der Bagdadbahn erhalten hatte, war »der Grundstein für den nunmehr kaum noch aufzuhaltenden Aufstieg des Deutschen Reiches zur wirtschaftlich und politisch dominanten Macht am Goldenen Horn gelegt«.[28] Zu dieser Einschätzung kamen auch die anderen europäischen Mächte. Russland fürchtete um seinen Einfluss auf den östlichen Teil Anatoliens und auf die Kaukasusregion. England sah seine strategische Position am Persischen Golf gefährdet. Der Nahe Osten war die Verbindungslinie nach Indien, die »große Schlagader des Empire«.[29] Die Bagdadbahn war nicht nur das technisch anspruchsvollste Projekt der deutschen »Weltpolitik«, es war auch, neben dem Flottenbau, das politisch riskanteste. Doch die Gefahr, das Reich durch den Bau der Bahn weiter zu isolieren, erkannte der Kaiser nicht. Er betrachtete das Vorhaben vielmehr als Geniestreich gegen den englischen Rivalen, dessen

Schiffe künftig in den Häfen liegen bleiben würden, weil niemand mehr den wochenlangen Transfer durch den Suezkanal nach Asien akzeptieren würde. Wilhelm II. erklärte, die Bagdadbahn »ist meine Bahn!«, und stellte »dieses Ausgangstor für deutsche Arbeit und Industrie«[30] unter seinen persönlichen Schutz.

Günstige Aussichten also für den deutschen Levante-Handel, und tatsächlich entwickelte sich die Deutsche Palästina-Bank AG in den ersten Jahren recht ordentlich. Die Dividenden lagen zwischen fünf und sieben Prozent, von Tumulten unter Aktionären und klandestin veränderten Bilanzen wurde nichts bekannt. Die Deutsche Palästina-Bank war eine von damals vier modernen Kommerzbanken Palästinas,[31] aber im Reich Christian Krafts war sie ein Zwerg.

Dann aber wird am 24. April 1908 in Berlin das fürstliche »Casino« eröffnet, der Fürstentrust. Schon zwei Monate später, am 18. Juni, beschließt die Generalversammlung der Deutschen Palästina-Bank, das registrierte Kapital der Gesellschaft auf fünf Millionen Mark zu erhöhen und in Hamburg eine Filiale einzurichten. Die Bank wird zwar in Palästina weiterhin Geschäfte machen, aber Christian Kraft hat mit ihr Größeres vor: Die Deutsche Palästina-Bank soll dem Fürstentrust künftig vor allem als Hausbank dienen.

ZWEITER SPIELER
Max Egon

An einem Tag Ende November 1907 nahmen zwölf Herren auf der Außentreppe von Highcliffe Castle an der Südküste Englands Aufstellung für ein Gruppenbild. In die Mitte postierte sich der deutsche Kaiser, auf den ersten Blick im Zivilanzug kaum zu erkennen, zeigte er sich öffentlich doch kaum jemals ohne Uniform. Hier aber war er auf Urlaub, Gast des britischen Obersten und Brigadekommandeurs Edward James Montagu-Stuart-Wortley, mit dem er politische Kamingespräche führte. Alle Generäle, die Wilhelm begleiteten, tragen auf dem Bild dunkles Zivil, auch der hagere Gastgeber, ein in den Kolonialkriegen des Empire bewährter Soldat, der leicht gebeugt vor dem Kaiser steht. Die Männer, vor allem Wilhelm, sehen aus wie Schauspieler in schlecht sitzenden Kostümen, nur Max Egon II. Fürst zu Fürstenberg, der stattliche Herr, der links von Wilhelm einen Schritt hinter Wortley Stellung bezogen hat, lässt in seiner strahlend hellen Weste an einen festlich gestimmten Gast einer Operettengala denken. Er steht etwas schief, den Oberkörper leicht zum Kaiser geneigt. Wahrscheinlich wollte er sich für den Fotografen nur besser ins Bild setzen, aber die Haltung wirkt, als suche der Mann die Nähe des Kaisers. Dieser Eindruck wäre bestenfalls ein Teil der Wahrheit, denn auch Wilhelm war an der Nähe zu Max Egon gelegen. Als das Bild entstand, ahnte niemand, dass die Gespräche von Highcliffe ein Jahr später das deutsche Reich in seinen

Fundamenten erschüttern und den Kaiser fast zur Abdankung zwingen würden. Aber schon damals wussten beide – Wilhelm und Max Egon –, dass man sich jederzeit aufeinander verlassen konnte. Den protestantischen Hohenzollernherrscher und den katholischen österreichischen Multimillionär verband eine innige Freundschaft.

Dass sie sich ergeben würde, war zumindest unwahrscheinlich. Max Egon, 1863 im böhmischen Lana geboren, wäre vermutlich, trotz eines abgeschlossenen Jurastudiums in Bonn, nie dauerhaft über die Grenzen Österreich-Ungarns hinausgekommen, wäre nicht 1896 mit dem Tod seines Vetters Karl Egon IV. die schwäbische Stammlinie erloschen und auf Max Egon die Gesamtleitung des fürstenbergischen Hauses – mit der böhmischen, der schwäbischen und der landgräflich-Weitra'schen Linie – übergegangen. Karl Egon war kinderlos gestorben, und mit dem Erbe seines gewaltigen Grundbesitzes in Deutschland und Österreich mit Schlössern in Prag, Karlsruhe, Wien und Donaueschingen (inklusive Brauerei) stieg Max Egon zu einem der reichsten Adligen Europas auf. Zugleich war er damit »geborenes« Mitglied der Herrenhäuser in Baden, Württemberg, Preußen und Österreich-Ungarn. Anders als sein deutscher Vetter Christian Kraft hatte Max Egon politische Ambitionen, in den ersten Jahren allerdings vor allem in Wien in der Partei der Verfassungstreuen Großgrundbesitzer. Dann aber war er Wilhelm begegnet, aus flüchtigen Begegnungen wurde Freundschaft – im Jahr 1900 hatte Max Egon den Kaiser erstmals zur Fuchsjagd nach Donaueschingen eingeladen –, man begann sich zu duzen, und vier Jahre später avancierte der böhmisch-schwäbische Fürst zum preußischen Oberstmarschall am deutschen Kaiserhof.[1] Wenige Monate vor der gemeinsamen England-Reise, im Mai 1907, schließlich war an der Seite Wilhelms der Platz des intimen Freundes und engsten Beraters freigeworden, und Max Egon besetzte ihn sogleich.

Fürst Philipp zu Eulenburg hatte ihn räumen müssen. Maximilian Harden, der berühmteste Journalist des Kaiserreichs, hatte in seiner

Zeitschrift Die Zukunft den Fürsten in mehreren Artikeln als schwul geoutet, als Mitglied einer Clique homosexueller Ratgeber, die das Ohr des Kaisers hatten, einer »Hofkamarilla«, die Harden als dekadent, unmännlich, vor allem als zu friedfertig empfand. Im Mittelpunkt stand als »bester Freund des Kaisers«[2] Eulenburg, den Harden verdächtigte, den Kaiser zum Verzicht auf einen Krieg gegen Frankreich gedrängt und dadurch das Debakel der Konferenz von Algeciras verschuldet zu haben: »Die träumen nicht von Weltbränden, die haben's schon warm genug.«[3] Wenn sich der Kaiser mit homosexuellen Beratern umgab, was lag dann näher als der Verdacht, dass Wilhelm eventuell selbst …?! Die Eulenburg-Affäre versetzte die wilhelminische Gesellschaft in Aufruhr. Es hagelte Prozesse, Duellforderungen und Rücktritte. Kaiser Wilhelm verstieß »Phili« Eulenburg ohne zu zögern und fand unverzüglich Ersatz in Max Egon.

Es waren vor allem die alljährlichen Kaiserjagden in Donaueschingen im November, mit denen der böhmische Fürst die Zuneigung des preußischen Kaisers gewann. Die reiche Beute, die Wilhelm dabei zur Strecke brachte, die Bälle, als Cancan-Tänzerinnen auftretende Generäle, die Musik, Feuerwerke, die zwanglose Unterhaltung im Kreis des deutsch-österreichischen Hochadels hoben die Laune des Hohenzollernherrschers. Max Egon war ein guter Jäger, ein ausgezeichneter Gastgeber, unschlagbar als Causeur und Stimmungskanone. Er war nicht besonders geistreich, aber ein Meister auf seinem Gebiet, den Herrenwitzen, die er gerne in Abwesenheit der Damen erzählte. Wie ein Diplomat in einem Brief empört berichtete, »reise Fürstenberg förmlich auf Zoten und unsagbar obszönen Anekdoten, die S. M. dann mit Wonne weitererzähle«.[4]

Alle Eigenschaften, die der Kaiser an Max Egon bewunderte, hatte dessen verstorbener Vetter verachtet. Die Vorstellung, dass der Salonlöwe und Strippenzieher nach seinem Tod die riesigen Ländereien erben und mit seiner Frau Irma – »als junges Mädchen eine der hübschesten der vielhundert Komtessen des Wiener Hofes«[5] –

auf Schloss Donaueschingen residieren würde, hatten dem Sterbenskranken die letzten Tage verdüstert: »Er verheimlichte nicht seinen Unmut, einst seine unbewegliche Habe seinem Vetter Maximilian Egon zurücklassen zu sollen. Er liebte diesen Vetter nicht, und aus seinem Herzen machte er, in solcher Hinsicht, keine Mördergrube. Er war das, was Bismarck mit den Worten ›ein guter Hasser‹ zu bezeichnen pflegte.«[6] Wegen des Fideikommisses war Karl Egons letzter Wille nicht frei. Zwar hatte er sein übriges, nicht unbeträchtliches Vermögen seiner Frau vermacht, aber der gesamte Grundbesitz mit Schloss Donaueschingen war Max Egon in die Hände gefallen, die allerdings ebenfalls gebunden waren. Weder konnte er frei über die Ländereien in Deutschland verfügen noch über seinen Besitz in Böhmen, denn auch der war Fideikommiss.

Die Beschränkungen, die sich daraus ergeben, hat Max Egon bereits zu spüren bekommen, als er sich 1908 mit seinem Vetter Christian Kraft im Fürstentrust verbindet. Christian Kraft erkennt in dem Unternehmen vor allem die vermeintlich phantastischen Gewinnaussichten, aber Max Egons Einstand ist wohl eher der Not geschuldet. Zwar war er Herr über fürstliche Forst- und Hüttenbetriebe und Chef der Fürstenberg-Brauerei – deren Pilsener Wilhelm gleich nach seinem ersten Besuch in Donaueschingen 1900 huldvoll und gewinnsteigernd zum »Tafelgetränk Seiner Majestät« erhoben hat –, aber Max Egon ist kein Geschäftsmann, nicht einmal als Spekulant ist er begabt. Nach dem frühen Tod des Vaters hat er schon 1886 mit 23 Jahren die grundherrlichen Rechte und Besitzungen übernommen, das ererbte Vermögen, das »nach Millionen zählte«, aber schnell verloren, »hauptsächlich infolge unglücklicher Getreidespekulationen«.[7] Im Mai 1897 hatten Wiener Zeitungen unter der höhnischen Schlagzeile »Wer anderen eine Grube gräbt ...« vom Zusammenbruch einer Getreidekommissionsfirma berichtet, die Jahre zuvor als »Veranstalterin eines Mais- und Haferrings« viel von sich reden gemacht hatte. Nachdem eine Maisernte verdorben war und die Einfuhr aus Rumänien stockte, hatte der Ring die gesamten verfügbaren Maisvorräte aufgekauft und einige »Cavaliere« überredet, sich an dem zwar verwerflichen, aber voraussichtlich glänzenden Geschäft zu beteiligen. Doch die Spekulation schlug fehl, Max Egon soll damals 1,5 Millionen Gulden verloren haben.[8]

Sehr viel teurer war ihm seine Auseinandersetzung mit dem badischen Fiskus zu stehen gekommen. Weil Max Egon sich weigerte, auch nur die geringste Steuer auf das von seinem Cousin geerbte Vermögen zu zahlen, war der Streit vor dem badischen Verwaltungsgerichtshof in Karlsruhe gelandet. Dort hatte Max Egon seine Rechtsvertreter vortragen lassen, selbstverständlich sei er zur Entrichtung der Erbschaftssteuer bereit, unglücklicherweise dürfe er jedoch nicht zahlen. Das sei ihm als Erbe eines Fideikommisses verboten, »weil er nur der Verwalter eines fremden Vermögens sei und weil eine Minderung dieses Vermögens um 10 Percent für eine Reihe von Industrien, Einrichtungen und Personen zu Consequenzen führen müsse, die er nicht auf sich nehmen zu können glaube.« Mit dieser ebenso eigenwilligen wie zeitlosen Begründung hatte Max Egon die Karlsruher Richter nicht zu überzeugen vermocht. Er wurde zur Zahlung von fünf Millionen Mark Erbschaftssteuer verurteilt und hatte zudem »die Kosten des gerichtlichen Verfahrens zu tragen«.[9]

Max Egon ist als Geschäftsmann erfolglos, aber unermüdlich. Zum Zeitpunkt der Gründung des Fürstentrusts ist er angeblich »durch eine unglückselige Verstrickung mit einem seine Interessen schwer benachteiligenden Finanzier«[10] in ernster Bedrängnis. Infolge dieser vermeintlichen Verwicklung hat er nicht nur hohe Summen verloren, sondern ist darüber hinaus an hochriskante Aktien geraten, die er ohne weitere massive Verluste nicht abstoßen kann: »In dieser Situation mußte ihm die Möglichkeit eines Zusammenarbeitens mit dem schlesischen Standesgenossen, dem Herrn der ertragreichen Hohenlohe-Werke, als ein außerordentlich erwünschter Ausweg, als ein Glücksfall erscheinen«.[11] Keinem zeitgenössischen Beobachter scheint bekannt zu sein, dass Max Egon an der Madeira-Aktion beteiligt war, seine geschäftliche Beziehung zu Christian Kraft also schon seit längerem bestand. Und offensichtlich hat Max Egon auch kein Interesse, diesen Umstand öffentlich bekannt zu machen – wenn es sein muss, ist er sehr diskret. Aber spätestens nach der misslungenen Portugal-Spekulation hätte »der liebe Schneck von Donaueschingen«,[12] wie ihn Karl Kraus milde verspottet, eigentlich gewarnt sein sollen.

Das Leben in Berlin ist laut, schnell und gefährlich. Im Jahr 1908 rattern die Hochbahn und die elektrifizierte Straßenbahn seit sechs Jahren durch die Stadt. Die Pferdedroschken müssen sich zunehmend schärferer Konkurrenz erwehren: Im preußischen Abgeordnetenhaus klagt der Deutschkonservative August Strosser über die Raserei der »wilden Autler« auf den Straßen der Reichshauptstadt. Zwar sei die Zahl der Automobile in den vergangenen zwei Jahren »von 2000 nur auf 2400« gestiegen, aber die Zahl der Toten habe sich in derselben Zeit vervierfacht: »Wir haben im Jahre 1906 in Berlin 20 Todesfälle.«[13] Am hohen Tempo der Kraftwagen wird das kaum liegen, denn in Berlin darf deren Geschwindigkeit »die eines trabenden Pferdes« nicht überschreiten. Aus dem Abgeordneten spricht wohl eher der Argwohn gegenüber dem neuen Verkehrsmittel, das die vertraute Droschke zu verdrängen droht. Selbst die Allgemeine Berliner Omnibus-Aktien-Gesellschaft (ABOAG), die in den besten Zeiten die Berliner mit bis zu 5000 Pferden vor den Bussen durch die Stadt befördert hat, stellt zunehmend auf Kraftomnibusse um, eine gewaltige Investition, die das Unternehmen beinahe mit seinem Zusammenbruch bezahlt. Die ABOAG ist Marktführerin, was sie vor allem dem Ehrgeiz des Bankiers und Unternehmers Carl Neuburger zu verdanken hat. Der risikofreudige Geschäftsmann, dessen erster Konkurs nur wenige Jahre zurückliegt, hatte als Mehrheitsaktionär eines wirtschaftlich angeschlagenen Konkurrenzunternehmens die Fusion mit der ABOAG durchgesetzt, sich die Stimmenmehrheit gesichert und danach alle weiteren Rivalen auf dem Berliner Omnibus-Markt seiner Gesellschaft einverleibt.[14] Aber Neuburger begriff sich nicht als Busunternehmer, sondern als Geschäftsmann auf vielen Gebieten.

Darüber war er mit Max Egon in Verbindung gekommen. Gemeinsam hatten sie zum Beispiel die Berliner Elektromobil-Droschken-Aktien-Gesellschaft gegründet, mit Prinz Friedrich Karl im Aufsichtsrat. Die »Elektromobile« galten in diesen Jahren zwar als der letzte Schrei, doch war die pferdebespannte und benzingetriebene Konkurrenz übermächtig. Die Geschäfte gingen entsprechend schlecht, aber Neuburger hatte mit Max Egon einen leidlich potenten Finanzier zur Seite. So kaufte oder gründete er weitere Unternehmen, darunter die Elberfelder Papierfabrik, eine Aktiengesellschaft für Garnfabrikation und Dampfziegeleien. Das benötigte Geld stellte Max Egon natürlich nicht ganz uneigennützig zur Verfügung. Er besaß beachtliche Ländereien am Teltowkanal und in Zehlendorf, die er offenbar dem bei ihm verschuldeten Neuburger »abgejagt«[15] hatte und lukrativ abstoßen wollte. Auf seine »Anregung«[16] hatte Neuburger deshalb 1903 die Gründung der Berliner Terrain- und Bau-AG eingeleitet, die Max Egons Immobilien wenig später zu dem damaligen »Phantasiepreis«[17] von acht Millionen Mark übernahm.

Mit der Idee, eine Terraingesellschaft zu errichten, zeigte Max Egon, dass er den Geist der Zeit begriffen hatte. Denn Berlin boomte. Als Produktionsstandort führender Unternehmen der Elektrizitätsindustrie (Siemens-Halske, AEG), des Maschinenbaus (Borsig) und der chemischen Industrie (Schering, Agfa) war es, wie der Baedeker schwärmte, »vielleicht die erste Industriestadt des Kontinents«,[18] es war der wichtigste Eisenbahn-Mittelpunkt und – nicht zuletzt als Sitz der Großbanken – führende Handelsmetropole Deutschlands. Die Zahl der Einwohner war seit der Gründung des Kaiserreichs 1871 bis 1905 von mehr als 800 000 auf zwei Millionen gewachsen, seit 1900 zogen jährlich im Durchschnitt 100 000 Menschen nach Groß-Berlin.[19] Der Bedarf an Wohnraum stieg rapide, die expandierende Stadt schob sich in rasendem Tempo in die Landschaft der Umgebung. Unbedeutende Flecken wie Charlottenburg oder Spandau wurden innerhalb weniger Jahren zu Großstädten mit mehreren 100 000 Einwohnern.

Die entscheidenden Akteure dieses wilden Wachstums waren die Terraingesellschaften, und ihr Erkennungsmerkmal war die Spekulation. Sie kauften baureife Ländereien oder solche, von denen man sich eine Bebauung versprach, legten Straßen und Plätze an und verkauften die Immobilien an Baustellenhändler weiter. Bauunternehmer übernahmen die Bebauung mit Miethäusern, die schließlich von Hausbesitzern erworben wurden, welche die bebauten Parzellen häufig mit kleinem Gewinn wenig später weiterverkauften.[20] Die Forderungen wurden mit Hypotheken gesichert, mit der Folge, dass fast alle Miethäuser Berlins mit mehr als achtzig Prozent verschuldet waren. Häufig aber kam es gar nicht zur Bebauung, und die Terraingesellschaften, in aller Regel Aktiengesellschaften, beschränkten sich auf die Spekulation. In dem Fall begnügten sie sich damit, nach ihrer Zulassung an der Börse den ersten Kursgewinn einzustreichen: »Bis Ende 1906 (resp. 1906/7) war in stundenweitem Umkreis von Berlin eine solche Fläche unbebauten Bodens in die Hand von Terraingesellschaften übergegangen, dass selbst bei weiterer günstiger Entwicklung der Stadt in mehreren Jahrzehnten die Bebauung des Geländes nicht abgeschlossen sein dürfte.«[21] Zwischen 1902 und 1906 wurden in Berlin 44 Terraingesellschaften gegründet, eine der größten war Neuburgers Berliner Terrain- und Bau-AG. Schon nach kurzer Zeit galt sie als eine der »bösartigsten Klüngelgesellschaften Deutschlands«.[22]

Den Ruf, auch tollkühn zu sein, erwarb sie sich nur wenig später. Es ist nicht klar, wann Max Egon seinem Geschäftspartner Carl Neuburger auch die Aktienmehrheit an der Terraingesellschaft (sowie der ABOAG) abgejagt hat. Aber fest steht, dass ein bedeutendes Projekt, das die Gesellschaft zusammen mit Neuburgers Firma und dem Möbelfabrikanten Otto Markiewicz 1906 angestoßen hatte, schon weit fortgeschritten ist, als Max Egon sich mit ihr, der ABOAG und den Niederlausitzer Kohlewerken im April 1908 am Fürstentrust beteiligt. Es handelt sich um den Bau eines gewaltigen Kaufhauses, das die Friedrich- und die Oranienburger Straße durch eine Passage verbindet, hundert Läden und mehrere Säle, ein eigenes Beförderungs- und Rohrpostsystem, in Modernität und Pracht angelehnt an die Warenhaus-Paläste Wertheims, mit seinem Kuppelbau aus Stahlbeton jedoch um einiges monumentaler. Baukosten: sieben Millionen Mark. Für die Ausführung wurde die Berliner Passage-Bau Aktiengesellschaft gegründet, der Markiewicz das Baugrundstück für vier Millionen Mark verkaufte. Das Geld kam von der Deutschen Bank, das Darlehen war mit einer Hypothek gesichert, die Terraingesellschaft übernahm die Bauausführung und beteiligte sich mit eigenem Geld, das sie sich mit einer Erhöhung des Aktienkapitals von drei Millionen Mark verschafft hatte.

Das war nicht weiter schwierig, denn die Kurse der Gesellschaft erreichten beachtliche Höhen, die Nachfrage nach den neuen Aktien war entsprechend. Allerdings beruhte der Höhenflug der Kurse auf einem schon vielfach bewährten Bluff der Terraingesellschaft: Die hohen Gewinne aus den Grundstücksverkäufen, die sie in ihren Bilanzen auswies, standen nur auf dem Papier. Die Kaufverträge wurden zwar geschlossen, aber das Geld kam – beispielsweise wegen akuter Finanznot der Käufer – in den meisten Fällen nicht herein.

Ihre »unsoliden Geschäftspraktiken«[23] sind das eine Problem der Terraingesellschaft. Das andere ist, wie ein zeitgenössischer Kritiker schreibt, dass der Kostenaufwand für das Passage-Kaufhaus derart übertrieben ist, dass er »unmöglich jemals verzinst werden«[24] könne. Beides wird mit der Beteiligung Max Egons zu Problemen des Fürstentrusts. Und sie werden den Verlauf des Spiels, das jetzt beginnt, entscheidend bestimmen.

DAS SPIEL

Die Macht des Geldes sitzt zu jener Zeit im Berliner Bankenviertel rund um die Behrenstraße. Die acht Berliner Großbanken verfügen über mehr als vier Fünftel des Kapitals aller deutschen Geldanstalten, die größte Kapitalkonzentration des Kontinents.[1] Die Banken sind das Herz der Industrialisierung, sie pumpen das Geld in die Aktiengesellschaften der Elektro-, der Chemie-, der Montanindustrie, was ihnen neben Gewinn auch Einfluss in den Unternehmen sichert. Die junge Industrie braucht die Banken, um ihre Expansion zu finanzieren, die Banken suchen die Verflechtung, um im Kreditgeschäft eine führende Rolle zu spielen: »In allen Fällen aber entsteht ein dauerndes Interesse der Bank an der Aktiengesellschaft, die einerseits von der Bank kontrolliert werden muss, um die richtige Verwendung des Kredits zu gewährleisten, andererseits von der Bank möglichst beherrscht werden muss, um all die gewinnbringenden finanziellen Transaktionen der Bank zu sichern.«[2] Die größte unter den Großbanken ist die Deutsche Bank, die im »verbissenen und wütenden«[3] Verdrängungswettbewerb der Institute einige geschluckt hat und die überlebenden Rivalen auf Abstand hält. Die Berliner Großbanken haben in 698 Gesellschaften Aufsichtsratsmandate, in 116 davon allein die Deutsche Bank. In 98 Aufsichtsräten hält sie den Vorsitz. Christian Krafts und Max Egons Handelsvereinigung AG will nicht die Nummer 99 sein.

Jedes Spiel hat Regeln. Das Spiel, das der Direktor des Fürstentrusts, Ernst Hofmann, im Frühjahr 1908 in der Dorotheenstraße 67 mitten im Berliner Bankenviertel eröffnet, kennt nur zwei. Die erste lautet: Die Großbanken müssen draußen bleiben. Die Geschäfte der Handelsvereinigung sollen mit eigenen Mitteln finanziert werden: »Privatgroßkapital gegen Großbankkapital«.[4] Nichts gegen den Kapitalismus, solange ihm die Feudalherren die Gesetze diktieren. Ein »Gedanke von fast zwingender Gewalt«, mit dem sich »eine neue Periode unserer wirtschaftlichen Entwicklung einzuleiten«[5] scheint. Fürst Guido Henckel von Donnersmarck hat es vorgemacht und seine geerbten Bergwerke und Eisenhütten in Oberschlesien sehr erfolgreich in Aktiengesellschaften umgewandelt. Entsprechend euphorisch nimmt die Öffentlichkeit die Nachricht von der Gründung der Handelsvereinigung auf: »Eine neue Ära schien sich anzukündigen, eine Entschlossenheit: der überkommenen Grenzen spottend, die ruhenden Vermögen in größtem Umfange in der Industrie, in allen Teilen des Geschäftslebens arbeiten zu lassen, neue mächtige Kapitalquellen dem sich immer mehr industrialisierenden Leben der deutschen Wirtschaft zuzuführen.« Die »neue Finanzmacht« sei stark genug, sich »neben, wenn nicht über« den Großbanken zu behaupten.[6]

Das wäre selbst dann eine kühne Prognose, wenn Christian Kraft und Max Egon über ihr Vermögen frei verfügen könnten. Weil es aber eben in großen Teilen – vor allem bei Max Egon – in Fideikommissen gebunden ist, sind die Erfolgsaussichten der »neuen Finanzmacht« von Anfang an eine Chimäre. Zumindest David benötigte im Kampf gegen Goliath eine Schleuder. Mit Ernst Hofmann haben die Fürsten den richtigen Mann, um sich über rechtliche und moralische Beschränkungen hinwegzusetzen. Allerdings ist er zur Verletzung der ersten Spielregel des Fürstentrusts gezwungen, sobald er versucht, die zweite Regel einzuhalten: Gewinn um jeden Preis. Christian Kraft hat sie gegenüber dem Generaldirektor der Hohenlohe-Werke AG,

Fritz Lob, an dessen erstem Arbeitstag unmissverständlich formuliert: »Ich bin nicht verheiratet und habe keine Kinder, deshalb habe ich gar kein Interesse daran, für die Zukunft meiner Erben zu sorgen, sondern wünsche möglichst hohe Dividenden noch zu erhalten.«[7]

Über Ernst Hofmann ist nicht viel bekannt. Er ist im Rheinland geboren und war einige Zeit »in Kohlegeschäften«[8] tätig; es heißt, er habe viele Jahre in Amerika und Südafrika gelebt und sei in Köln wenige Jahre zuvor »wirtschaftlich zusammengebrochen«.[9] Einer interessierten Öffentlichkeit wurde er erst durch die Berichterstattung über die Prozesse bekannt, in die er als Direktor der Madeira-Gesellschaft verwickelt war. Seitdem genießt er in Wirtschaftskreisen einen zweifelhaften Ruf, den er als Direktor der Handelsvereinigung innerhalb weniger Monate bestätigt. Nach nicht viel mehr als einem Jahr gilt er als Ganove, und bei seinem Rauswurf fünf Jahre später zweifelt der Herausgeber einer angesehenen Wirtschaftszeitung öffentlich an seiner Zurechnungsfähigkeit.[10] Das ist ungerecht, schließt Hofmann doch alle Geschäfte mit Vollmacht Christian Krafts und Max Egons ab, und auch alle seine Bluffs und Lügen, die Betrügereien und Schiebungen sind den Fürsten bekannt: Die Zeitungen berichten darüber in großer, mit der Zeit immer größer werdender Aufmachung.

Hofmann handelt nicht allein. Ihm steht Kammerpräsident Carl Künzig zur Seite, der Max Egon als dessen Generalbevollmächtigter in mehreren Aufsichtsräten vertritt. Ob er das Vertrauen des Fürsten verdient, ist zweifelhaft, Kaiser Wilhelm II. traut ihm jedenfalls nicht: Künzig habe Max Egon »in der Hand« und »färbt, wie es ihm gut scheint«[11]. Auch Prinz Hans zu Hohenlohe-Öhringen, der zehn Jahre jüngere Bruder Christian Krafts, ist beteiligt.[12] Wer ihn näher betrachtet, wird an der rechten Schläfe des Prinzen ein Loch bemerken, wo vor einigen Jahren eine Kugel eingedrungen, an der linken eine Narbe, wo sie wieder ausgetreten sein soll. Angeblich hatte Hans sich in St. Petersburg nach durchspielter Nacht verzweifelt in den Kopf geschossen, weil er nach mehreren beträchtlichen Verlusten erneut verloren hatte. Er hatte den Schuss in den Kopf überlebt, und seine Schulden waren auch bezahlt worden: »Sein älterer Bruder, Fürst Christian Kraft, hatte auch noch später bedeutende Spielschulden für ihn zu begleichen gehabt.«[13]

Zum Personal gehört auch Hugo, jener jüngste Bruder Christian Krafts, der seit seiner Hochzeit mit einer verwitweten Zirkusreiterin als Graf von Hermersberg durchs Leben geht. Er war einige Jahre Landrat im schlesischen Rosenberg, dann Volontär in einer amerikanischen Bank, kehrte aber schließlich nach Deutschland zurück. Er leitet Christian Krafts Reitstall, sitzt in einigen Aufsichtsräten – unter anderem der Palästina-Bank –, ist für Wucherer ein leichtes Opfer und wie sein Bruder Hans ständig von Geldsorgen geplagt, für deren Beschwichtigung Christian Kraft zuständig ist.

Mit im Spiel ist selbstverständlich auch wieder Christian Krafts Bruder Prinz Friedrich Karl, der nach dem Aufsichtsrat der Madeira-Gesellschaft nun dem Aufsichtsrat der Handelsvereinigung vorsitzt. Friedrich Karl ist preußischer Major à la suite, vor allem aber ein erfolgloser Börsenspekulant und deshalb chronisch klamm. Zur Zeit der Täuschungsaktion auf Madeira war er selbst einem Betrüger zum Opfer gefallen, dem Bankier Siméoni de Flères. Als dieser Anfang Dezember 1906 in Paris aufgrund einer Anzeige Friedrich Karls verhaftet wurde, stellte sich heraus, dass der Mann kein Bankier war, sondern ursprünglich Zimmerkellner an der Riviera, danach angeblich Schiffskapitän, inzwischen ein Betrüger, der seine Opfer ausschließlich in der Hocharistokratie suchte. Friedrich Karl hatte er zu einer Beteiligung an einem fiktiven »Peking-Syndikat« überredet und um rund eine halbe Million Francs erleichtert.[14] Der Verlust traf den Prinzen umso härter, als er in dieser Zeit besonders schlecht bei Kasse war. Deshalb hatte er kurz zuvor in Wien einen Geldagenten beauftragt, ihm ein Darlehen in Höhe von einer Million Kronen zu verschaffen. Doch war der Agent so indiskret vorgegangen, dass Friedrich Karl den Auftrag zurückgezogen und sich geweigert hatte, die vereinbarte Provision zu zahlen. Daraufhin war er vom Agenten verklagt und zur Zahlung von 25 000 Kronen verurteilt worden.[15]

Wie viele Personen das »Casino« in der Berliner Dorotheenstraße bevölkern, ist nicht bekannt. Christian Kraft und Max Egon sind die entscheidenden Spieler, die sich im Verhältnis drei Fünftel (Christian Kraft) zu zwei Fünftel (Max Egon) an den Einsätzen beteiligen. Die anderen gehören zum Gefolge, von dem sich gelegentlich der eine oder andere – zum Beispiel Franz Prinz von Ratibor und Corvey, ein weiterer Cousin Christian Krafts und Max Egons – mit an den Spieltisch setzt. Im Übrigen erwartet es von den Fürsten, so ist es bei Hofe Sitte, großzügige Versorgung. Dafür schuldet das Gefolge seinen Herrschaften unbedingte Loyalität, was offensichtlich einschließt, sie vor möglichen Risiken nicht zu warnen. Auf Loyalität in diesem Sinne versteht sich niemand besser als Ernst Hofmann, der als Chef-Croupier – assistiert von Max Egons Kammerpräsidenten Künzig – die Einsätze der Fürsten platziert. Das Tempo, das er dabei an den Tag legt, ist rasant, Höhe und Vielfalt der Einsätze sind schwindelerregend. Schon nach kurzer Zeit ist es unmöglich, den »ungeheuren Komplex«[16] von Interessen und Geschäftsverbindungen, das »Konglomerat von Effekten, Beteiligungen, Forderungen, Schulden und Garantie-Verpflichtungen« zu durchschauen, das Hofmann wahllos für den Fürstentrust zusammenträgt: »Selbst Kammerrat Künzig und Direktor Hofmann, die beiden Vertrauensleute der Fürsten, dürften [dazu] nicht in der Lage sein.«[17] 1913 versucht der Wirtschaftsjournalist Artur Lauinger eine Auflistung »aller der Unternehmen, als deren Beteiligte in größerem oder geringerem Umfange im Laufe der Zeit die Fürsten genannt worden sind, die aber freilich nur zum Teil direkt zur Handelsvereinigung ressortierten«: Handelsvereinigung AG, Deutsche Palästina-Bank, Hohenlohe-Werke AG, Wulff & Co Gesellschaft m.b.H., Niederlausitzer Kohlenwerke AG, Berliner Terrain- und Bau-AG, W. Wertheim GmbH, Deutsche Hotel-AG, Allgemeine Berliner Omnibus-AG (ABOAG), Deutsche Levante-Linie

AG, Seetransport-Gesellschaft m. b. H., Dampfschiffreederei Union AG, Bremer Dampferlinie Atlas GmbH, Deutsche Reederei GmbH, Phönix-Schiffahrts-Gesellschaft, Emdener Schiffahrtsprojekte, Kaliwerke Friedrichshall AG, Kaliwerke Sarstedt AG, Kali-Gewerkschaft Reichskrone, Kali-Gewerkschaft Richard, Kali-Gewerkschaft Burggraf, Kali-Gewerkschaft Bernsdorf, Deutsche Post- und Eisenbahn-Verkehrswesen-AG, Preußische Feuerversicherungs-AG, Rückversicherungs-Vereinigung AG, Kaffeeplantage Sakarre AG. Das ist nicht alles: »Aus der Reihe der anderen Unternehmungen wären noch zu erwähnen die an die Niederlausitzer Kohlenwerke übergegangenen Kohlenwerke Alwine, Kraftbergbau-Aktien-Gesellschaft, Gewerkschaft Elze, ferner die Zagoriana Kohlengewerkschaft in Agram (Montana-Aktien-Gesellschaft). Ferner sitzen Vertreter der fürstlichen Interessen auch in den Verwaltungsräten der Deutschen Kolonialgesellschaft für Südwestafrika und der Aktien-Gesellschaft für Seil-Industrie vorm. Ferdinand Wolff in Mannheim.«[18]

Die Palette der breitgefächerten Engagements, in die Ernst Hofmann das Vermögen Christian Krafts und Max Egons investiert, erklärt, warum der Berliner Volksmund die Handelsvereinigung nach kurzer Zeit als »Monsieur Überall« verspottet. Aber das besondere Cachet des Fürstentrusts ist nicht die Vielzahl, vielmehr die Verschlingung seiner Unternehmen, die Verschachtelung ihrer Tochter- und Enkelgesellschaften, die nicht nur den Überblick für die Beteiligten, sondern auch jeden Einblick von außen unmöglich macht – ein Geschäftsprinzip des Fürstentrusts: »Ein klarer Einblick ist deshalb nicht möglich, weil alle Beteiligten eine recht weitgehende Taktik der Geheimhaltung betreiben.«[19] So kann auch die Summe, die Christian Kraft, Max Egon und Ernst Hofmann von der Entstehung des Fürstentrusts am 24. April 1908 bis zu seiner Liquidierung am 25. April 1914 in die Geschäfte pumpen, nur geschätzt werden: »Stellt man die Kurswerte, die freilich sehr stark variierten, in Rechnung, so kommt man schätzungsweise dazu, daß die Gesamtengagements kaum viel unter einer halben Milliarde Mark sich gehalten haben, diesen Betrag aber vielleicht noch nicht unbeträchtlich übersteigen.«[20]

Einige Millionen fließen in das Schifffahrtswesen. Warum sich Christian Kraft als Mann des Bergbaus, der Hirschjagd und der Pferderennen überhaupt auf diesem Gebiet als Spekulant versucht, ist sein Geheimnis. Nachdem er aber nun einmal die Mehrheit an der Levante-Linie erobert hat und die Reederei Teil des Fürstentrusts geworden ist, sind ein paar bedeutendere Investitionen fällig. Die Sanierung der Levante-Linie gibt Ernst Hofmann die Gelegenheit, seine Geschäftsmethoden zu verfeinern. Um die Unterbilanz der Linie zu beseitigen, setzen die Vertreter des Fürstentrusts auf der Generalversammlung am 20. April 1909 durch, dass alle Aktionäre eine dreißigprozentige Zuzahlung auf ihre Aktien leisten sollen. Tatsächlich zahlen alle Aktionäre – mit Ausnahme des Fürstentrusts. Die Entrüstung der Minderheit versucht der Aufsichtsrat mit dem Vorschlag zu dämpfen, von der beschlossenen Kapitalerhöhung abzusehen.

Doch wird das Geld auch deshalb dringend benötigt, um den ebenfalls beschlossenen Kauf der konkurrierenden Bremer Dampferlinie Atlas GmbH einzuleiten. Um den Rivalen mit seinen sieben Schiffen in die Hand zu bekommen, sind drei Millionen Mark erforderlich. Dazu unterbreitet der Aufsichtsrat der nächsten Generalversammlung einen interessanten Vorschlag: Der Fürstentrust gibt der Levante-Linie Levante-Aktien im Wert von drei Millionen Mark, die sie an die Interessenten der Atlas-Linie weitergeben soll, im Gegenzug bekommt er drei Dampfer der Levante-Linie und Aktien einer belgischen Reederei im Wert von 2,7 Millionen Francs. Der Antrag des Aufsichtsrats wird von der Generalversammlung »mit Misstrauen«[21] aufgenommen, was nicht zuletzt am Aufsichtsratsvorsitzenden liegen könnte, der neuerdings Ernst Hofmann heißt und seinem Ruf entsprechend agiert. Denn unmittelbar vor der Generalversammlung hat sich der Eigentümer der belgischen Reederei gemeldet und daran erinnert, dass er selbst die Aktien bereits vor Monaten von der Levante-Linie erworben habe. Ernst Hofmann gesteht den eigenmächtigen Verkauf, lehnt es jedoch ab, den Antrag des Aufsichtsrats zum Abkommen mit dem Fürstentrust zurückzuziehen. Weil der Fürstentrust in der Generalversammlung die Mehrheit hat, wird der Antrag angenommen. Die unterlegene Minderheit prozessiert, doch ihre Klage, »die in der ersten Instanz gewonnen war«, verläuft »im Sande«.[22]

Die Levante-Linie ist, verglichen mit der Hapag (Hamburg) und dem Norddeutschen Lloyd (Bremen), den zwei größten Schifffahrtsgesellschaften der Welt, kaum mehr als ein Tropfen in den Ozeanen, die sie mit ihren Fracht- und Passagierschiffen beherrschen. Die traditionelle Konkurrenz der Hansestädte Hamburg und Bremen spiegelt sich in der erbitterten Rivalität der beiden Reedereien, die mit gewaltigen Investitionen in immer modernere, schnellere und komfortablere Schiffe vor allem um die Vorherrschaft auf der Transatlantikroute Europa-New York kämpfen. Als erstes deutsches Schiff gewann die *Kaiser Wilhelm der Große* vom Lloyd 1897/98 das Blaue Band für die schnellste Nordatlantiküberquerung. Die Hapag eroberte die Trophäe im Jahr 1900 mit der *Deutschland*, dem nicht nur schnellsten, sondern vorläufig auch größten Schiff der Welt. Zwar war es dem Lloyd mit der *Kronprinz Wilhelm* gelungen, das Blaue Band zwei Jahre später zurückzuholen, dennoch fiel er in der Konkurrenz immer weiter zurück – seine Dampfer mögen schneller sein, aber größer und geräumiger sind die Passagierschiffe der Hapag unter der Leitung des legendären Generaldirektors Albert Ballin. Die Rivalität zwischen den beiden deutschen Reedereien ist so scharf, dass sie als »deutscher Schiffahrtskampf« in die Geschichte eingeht.[23] 1908 ist sie endgültig zu Gunsten der Hapag entschieden.

Jetzt ist es für das Hamburger Unternehmen höchste Zeit, sich auf den Wettbewerb auf der Transatlantikroute mit der britischen Cunard-Linie und der White-Star-Linie zu konzentrieren. Denn hier liegt inzwischen die Cunard-Linie vorne, seit sie die Schwesterschiffe *Lusitania* und *Mauretania* in Dienst genommen hat. Sofort holt White

Star zum Gegenschlag aus und lässt drei noch größere und luxuriösere Schiffe bauen, *Olympic, Britannic* und *Titanic*, Letztere bis zu ihrem Untergang auf der Jungfernfahrt am 14. April 1912 für kurze Zeit das größte Schiff der Welt. Die Hapag nimmt die doppelte Herausforderung an, richtet ein »Konkurrenzkampfkonto« ein und kündigt den Bau von drei Passagierschiffen einer neuen »Imperator-Klasse« an. Das erste, das ein Jahr nach der *Titanic*-Katastrophe auf Jungfernfahrt nach New York ausläuft, heißt tatsächlich *Imperator* und auf ausdrücklichen Wunsch des Kaisers nicht *die*, sondern *der* Imperator, denn das größte Schiff der Welt kann nicht männlich genug sein.

Keine Konkurrenz ist so aussichtslos, um es nicht zumindest zu versuchen. Und Ernst Hofmann ist nicht der Mann, der selbst das Aussichtslose unversucht ließe. Der Fürstentrust verfügt nicht nur über die Levante-Linie, er hat auch die Seetransport-Gesellschaft gegründet, deren Dampfer allerdings so wenig profitabel fahren, dass Hofmann »keine besondere Neigung«[24] verspürt, ihren Betrieb fortzusetzen. Also verkauft er zehn Dampfer an die Transatlantica Reederei AG der deutsch-belgischen Menzell-Deppe-Gruppe. Ein seriöses Geschäft, das Prinz Friedrich Karl anlässlich eines Stapellaufs in Antwerpen mit Prinz Albert von Belgien vereinbart haben soll.[25] Ernst Hofmann unterzeichnet den Kaufvertrag, dessen Erfüllung Prinz Friedrich Karl als Vorsitzender des Aufsichtsrats der Handelsvereinigung garantiert.

Das allerdings entspricht nicht ganz der Vereinbarung, die Hofmann und Friedrich Karl zuvor mit der Reederei-Vereinigung GmbH geschlossen haben, einem Zusammenschluss der größten Hamburger und Bremer Reedereien – darunter natürlich auch Hapag und Lloyd –, die keinen neuen Konkurrenten wünschen. Hofmann und Friedrich Karl hatten zugesagt, nur mit Einverständnis der Vereinigung an die Transatlantica zu verkaufen. Weil die Reederei-Vereinigung eine Million mehr bietet als die Transatlantica, verkaufen Hofmann und Friedrich Karl die Dampfer noch ein zweites Mal, diesmal an die Reederei-Vereinigung, und liefern sofort. Die deutsch-belgische Konkurrenz fühlt sich hintergangen und bringt den Fall vor ein Schiedsgericht, das sich auf die Seite der Kläger stellt, mit dem unmissverständlichen Verweis, Hofmann und Prinz Friedrich Karl hätten nicht »bona fide« gehandelt, mit anderen Worten: wie Ganoven. Da aber die Dampfer bereits an die Reederei-Vereinigung übergeben sind, diese also Eigentümerin ist, kann die Menzell-Deppe-Gruppe nur noch Schadensersatz verlangen. Sie fordert zwei Millionen Mark. Ein Prozess folgt dem anderen. Der Kommentator einer Fachzeitschrift bemerkt höhnisch: »Die ganze Hohenlohe-Menzell-Deppe-Angelegenheit hat sich, um einen Vergleich zu brauchen, schon zu einem außerordentlich reichhaltigen Prozeß-Menü entwickelt.« Er verspricht weitere Berichterstattung »von den schmackhaftesten Gängen dieser Speisenfolge«.[26] Schließlich einigt sich der Fürstentrust mit den hintergangenen Käufern auf einen Vergleich, wonach er »eine Reihe von Dampfern der Menzellgruppe zu einem entsprechend hohen Preis«[27] kauft.

Weder mit der Levante-Linie noch mit der Seetransport-Gesellschaft gelingt es dem Fürstentrust, sich als Konkurrenz der Hamburger und Bremer Reeder nachhaltig bemerkbar zu machen. Doch wenn zwei Anläufe scheitern, muss der dritte Erfolg haben: 1911 plant der Fürstentrust seinen größten Coup im deutschen Schifffahrtswesen. Allerdings muss Ernst Hofmann inzwischen auf einen seiner wichtigsten Mitarbeiter verzichten. Prinz Friedrich Karl starb Ende 1910 im Alter von 55 Jahren in Paris an einem Blutsturz.[28] Damit er nicht umsonst gestorben ist, macht Ernst Hofmann den überschuldeten Nachlass des Prinzen zur Basis seines Vorhabens. Er gründet die Deutsche Reederei-Gesellschaft mbH, Startkapital: fünf Millionen Mark, Gesellschaftszweck: Anschaffung mehrerer »erstklassiger Personendampfer«[29] und Einstieg in die Konkurrenz mit Hapag und Lloyd im Auswandererverkehr, Ort: Emden. Das ist im Prinzip sogar nach Ansicht von Experten »ein guter Gedanke«.[30]

Auch wenn die Zahlen deutscher Auswanderer in diesen Jahren nicht mehr an die des 19. Jahrhunderts heranreichen, als Millionen Deutsche ihre Heimat infolge von Hungersnöten, Arbeitslosigkeit und – insbesondere nach 1848 – politischer Verfolgung vor allem in Richtung Vereinigte Staaten verlassen hatten, ist der Auswandererverkehr für die Hapag und den Lloyd noch immer ein gutes Geschäft. Und die ostfriesische Stadt Emden hat nicht nur den vom prosperierenden Ruhrgebiet aus nächstgelegenen Seehafen. Seit der Annexion des Königreichs Hannover durch Preußen im Jahr 1866 ist Emden eine preußische Stadt, und der preußischen Regierung ist an der Förderung des von ihr ausgebauten Hafens gelegen. Es müsste also in ihrem Interesse sein, Emden in der Konkurrenz mit Hamburg und Bremen zu stärken. Auch an das soziale Empfinden der Regierung appelliert Ernst Hofmann. Die Deutsche Reederei GmbH werde dafür sorgen, dass die Auswanderer auf den Schiffen nicht wie bei der Konkurrenz in Massenquartieren unterkommen, sondern in komfortablen Kabinen. Darüber hinaus ist der im preußischen Abgeordnetenhaus einflussreiche Oberbürgermeister Emdens, Leo Fürbringer, der natürliche Bundesgenosse des Fürstentrusts. Um eventuell bestehende Zweifel an der Solidität des Projekts auszuräumen, kündigt Hofmann an, das Unternehmen im weiteren Verlauf zu einer Aktiengesellschaft mit 50 Millionen Mark Kapital auszugestalten. Die Stimmen Preußens im Bundesrat für die Erteilung einer Konzession für die Auswandererbeförderung sollten demnach leicht zu gewinnen sein.

Doch im Juni 1912 verweigern der Bundesrat und die preußische Staatsregierung dem Fürstentrust die Konzession mit der Begründung, das Gegenangebot von Hapag und Lloyd sei vorzuziehen. Nicht nur die konservative Presse reagiert empört und wirft der preußischen Staatsregierung vor, die Interessen des eigenen Landes zu Gunsten Hamburgs und Bremens zurückgesetzt zu haben. Auch die antisemitischen Blätter protestieren, dass ausgerechnet die Hapag bevorzugt werde – deren jüdischer Generaldirektor Albert Ballin ist ein Freund des Kaisers, verächtlich »Kaiserjude« genannt. Besonnenere Stimmen geben zu bedenken, Hapag und Lloyd hätten nun einmal das bessere Angebot gemacht und versprochen, Emden in ihren Fahrplan aufzunehmen und die Passagiere künftig besser unterzubringen. Selbst bei einigen Konservativen reift die Erkenntnis, dass es mit den patriotischen Motiven der Deutschen Reederei GmbH vielleicht doch nicht so weit her gewesen ist, als bekannt wird, dass sich das Unternehmen nach seiner Abfuhr in Emden in Phönix umbenannt hat und nunmehr mit drei alten französischen Kähnen von Rotterdam aus Hapag und Lloyd Konkurrenz zu machen versucht.

Was wirklich geschehen und warum die Deutsche Reederei GmbH in Emden gescheitert ist, versucht angeblich ein Gastbeitrag im Berliner Tageblatt vom 7. Januar 1913 auf den ersten beiden Seiten zu erklären, verfasst von dem Berliner Rechtsanwalt Leopold Gottschalk, der offenbar die preußische Staatsregierung in dem Fall beraten hat. Die Auswanderungslinie der Deutschen Reederei GmbH, schreibt Gottschalk, sei ein gigantisches Täuschungsmanöver gewesen, wie auch die Gründung der Reederei auf einer einzigen Täuschung beruht habe, geplant und ins Werk gesetzt von Ernst Hofmann, der seit dem Streit um die »Madeirakonzession« für seine »Manipulationen« bekannt sei. Für Kenner des Fürstentrusts enthält die Erklärung insoweit tatsächlich keine Überraschung; dann aber verblüfft der Anwalt die Leser mit der Behauptung, der Fürstentrust habe mit der Deutschen Reederei GmbH nichts zu schaffen. Zwar hätten zwei Angestellte des Fürstentrusts das Stammkapital der Reederei gezeichnet, aber die seien »selbstverständlich« nur als »Strohmänner« anzusehen. Sie seien mit der »anspruchsvollen Behauptung« an die Öffentlichkeit getreten, im Namen des Fürstentrusts zu handeln, doch weder Christian Kraft noch Max Egon hätten persönlich mit der Reederei etwas zu tun. Auch die Handelsvereinigung – also der Fürstentrust – und die Palästina-Bank seien an der Gründung nicht beteiligt gewesen:

»Die ›Deutsche Reederei G.m.b.H‹ ist nämlich lediglich eine Gründung der Nachlaßverwaltung des verstorbenen Prinzen Friedrich Karl zu Hohenlohe-Öhringen, des Bruders des Fürsten Hohenlohe. – ›Alleiniger Gesellschafter der Reederei G.m.b.H ist der Nachlaß‹.« So stehe es wörtlich, schreibt Gottschalk, im Bericht des Nachlassverwalters an das Königliche Amtsgericht Cosel, einem Nachbarort von Slawentzitz, dem oberschlesischen Sitz Christian Krafts. Der Name des Nachlassverwalters: Ernst Hofmann. Zwar sei Christian Kraft der Erbe seines Bruders Friedrich Karl, doch habe er die Erbschaft angesichts der Überschuldung nur unter der »Rechtswohltat der Nachlaßverwaltung« angetreten, also die Haftung auf den Nachlass beschränkt. Weder die Fürsten noch der Fürstentrust, sondern ausschließlich der »überschuldete Nachlaß« des Prinzen Friedrich Karl habe sich folglich um die Auswandererkonzession beworben, die er jedoch gar nicht habe selbst betreiben wollen: »Offenbar wollte der Nachlaß sich durch die Erlangung der Konzession ein gutes Handels- und Verkaufsobjekt in die Hände spielen, um sich mit dem zu erzielenden Milliongewinn zu sanieren; er brauchte ja nur die Geschäftsanteile der Deutschen Reederei weiter zu veräußern.«[31]

Die Mitteilung des Rechtsanwalts ist wenig plausibel. Wenn der Generaldirektor des Fürstentrusts, Ernst Hofmann, gegenüber der preußischen Staatsregierung erklärt, die vom Fürstentrust gegründete Deutsche Reederei GmbH bewerbe sich um eine Konzession, dann ist die Beteuerung des Nachlassverwalters Friedrich Karls, Ernst Hofmann, die Reederei sei eine Gründung des Nachlasses und nur dieser beantrage die Konzession, von äußerst zweifelhaftem Wert. Das ist auch Rechtsanwalt Gottschalk klar, weshalb er vorsorglich versichert, der Fürstentrust hätte die Konzession ohnehin nicht bekommen, selbst wenn er sich darum beworben hätte: »Der Hohenlohekonzern, wie er zurzeit geleitet wird, ist unvorteilhaft bekannt durch die unglaublich große Zahl von Prozessen, in die er in Hamburg, Berlin und sonst allerorten verwickelt ist. Die Handelsblätter unserer angesehensten Tageszeitungen hallten noch vor einigen Monaten wider von Angriffen gegen die Geschäftsleitung des Hohenlohekonzerns.« Eine Zeitung habe berichtet, dass es sich »unabhängige Kaufleute von Rang und Ruf vielfach ernstlich überlegen, ob mit der Hohenloheschen Kapitalsassoziation Geschäfte abgeschlossen werden könnten, solange ein Mann wie der gegenwärtige Sachwalter [i.e. Ernst Hofmann, d. Verf.] Seiner Durchlaucht des Fürsten das unbegrenzte Vertrauen seines Brotherrn genießt.«

Doch ist nicht Christian Krafts »Hohenlohekonzern« in Oberschlesien, sondern der Fürstentrust in der Berliner Dorotheenstraße für die Prozesslawine berüchtigt, die er an jedem Ort seines Erscheinens verursacht. Zudem ist der Trust keine »Hohenlohesche Kapitalsassoziation«, sondern eine »Hohenlohe-Fürstenbergische«, doch Rechtsanwalt Gottschalk erwähnt Max Egon in seinem langen Artikel erstaunlicherweise nur ein einziges Mal – um ihn von jedem Verdacht zu entlasten: »Man muß hiernach annehmen, dass der Fürst von Fürstenberg mit dieser ganzen Auswandererkonzessionsangelegenheit überhaupt nichts zu tun hatte.«[32] Das ist offenkundig falsch. Die Vermutung liegt nahe, dass der Artikel vor allem wegen dieses einen Satzes geschrieben wurde und es sich um eine Auftragsarbeit handelt. Die Absicht liegt auf der Hand: Die Verantwortung für den versuchten Emdener Konzessionsbetrug soll in erster Linie dem als Ganoven allgemein bekannten Ernst Hofmann zugeschoben werden; genügt das nicht, wird Christian Kraft ins Feuer geschickt, aber Max Egon ist unter allen Umständen aus der Schusslinie zu nehmen. Und daran hat, außer Max Egon selbst, nur ein Mann im deutschen Reich Interesse – der Kaiser.

Bereits am 1. Mai 1912 hatte Wilhelm II. den deutschen Botschafter in Wien, Heinrich von Tschirschky, in einem Telegramm von seinem Urlaubspalast Achilleion (Korfu) aus aufgefordert, Max Egon zu bestellen, dass er, Wilhelm, Befehl gegeben habe, die Konzession für die Auswandererlinie »unter keinen Umständen« zu erteilen. Nicht erst seit dem Bekanntwerden der Emden-Pläne seien die »Vorgänge« im Fürstentrust »in aller Munde«, die »ganze Berliner und hanseatische Bank- und Handelswelt« betrachte ihn als »Schwindelunternehmung«, speziell »den Spiritus Rector Hofmann als ausgetragenen Schuft und Betrüger«.[33] Wilhelm ist offensichtlich auf dem Laufenden, wird also auch von den neuesten Winkelzügen Ernst Hofmanns in der Levante-Linie erfahren haben, über die die Presse (»Weitere Krisen im Fürstenkonzern«) in diesen Tagen berichtet,[34] namentlich den erneuten Versuch, durch eine Kapitalerhöhung die Aktienmehrheit in der Reederei bedeutend zu vergrößern und so die Minderheit zu marginalisieren, eine beliebte Methode des Fürstentrusts. Die bedrohte Minderheit wehrt sich mit einer Klage, einige Mitglieder des Aufsichtsrates treten unter Protest zurück, unter ihren Nachfolgern ist Christian Krafts Bruder Hans.

Wie Rechtsanwalt Gottschalk hat Wilhelm die Verantwortlichen für die »Vorgänge« im Fürstentrust klar vor Augen: »Ich bin entschlossen, scharf und rücksichtslos in dieser Angelegenheit durchzugreifen, um endlich dem unheilvollen unsere Handelswelt bedrohenden und seinen Stand kompromittierenden Treiben Hohenlohes und seines gaunerischen Direktors ein Ende mit Schrecken zu bereiten.« Dringend warne er Max Egon – »als Dein treuer Freund« –, mit »obigen Leuten geschäftlich etwas zu tun zu haben, und – wenn du dabei bist – Dich schleunigst los zu machen, im Interesse Deiner Familie, Deines Namens und Deiner Stellung zu Mir.« Er wisse zwar nicht, ob und wie weit Max Egon dem Fürstentrust verbunden sei: »In die Katastrophe möchte ich Dich aber um keinen Preis verwickelt sehen.«[35] Max Egon unternimmt alles, damit Wilhelm seine Verwicklung in die Geschäfte des Fürstentrusts nicht erkennt. Die Levante-Linie, lässt er ihm ausrichten, sei lediglich ein »Privatunternehmen des Fürsten Hohenlohe«, an dem er, Max Egon, nicht beteiligt sei. Auch mit der »Emdener Angelegenheit« habe er nichts zu schaffen. Sie sei eine Initiative der Stadt Emden, Fürst Hohenlohe habe »nötige Kapitalien in der Absicht, den Emdener Handel und Seeverkehr zu fördern, in Aussicht gestellt«.³⁶ Wilhelm durchschaut den Schwindel seines Freundes. Er weiß, dass Max Egon mit Millionen am Fürstentrust beteiligt ist, kennt sein Engagement in der Terraingesellschaft und ist über die Vorgänge in der Levante-Linie unterrichtet. Wenn Max Egon behaupte, schreibt Wilhelm dem deutschen Botschafter in Wien, er habe mit der Sache nichts zu tun, »dann ist das eben falsch«.³⁷ Wilhelms scharfe Warnung kommt zu spät. Die Katastrophe, vor der er seinen Freund bewahren will, ist bereits eingetreten und droht im Frühjahr 1912 den Fürstentrust, Christian Kraft und Max Egon zu verschlingen.

Der Wert einer Freundschaft erweist sich erst in großer Not. Wenige Monate nach der Gründung des Fürstentrusts, am 5. August 1908, vernichtete ein Brand ein Drittel der Stadt Donaueschingen. In der Feuerwehrchronik heißt es, 293 Gebäude seien niedergebrannt, darunter das Rathaus, die Sparkasse und das Gefängnis, drei Menschen wurden getötet, sechshundert Einwohner obdachlos. Der Gesamtschaden betrug fast zwei Millionen Goldmark. Die Löscharbeiten seien durch einen Pulk »Gaffer« behindert worden, die die Feuerwehrleute wegen deren vermeintlich unzulänglichen Einsatzes verspottet hätten. »Daraufhin wurde die Zivilistengruppe vom Wehrleiter der Feuerwehr Triberg aufgefordert, es entweder selbst zu machen oder die Feuerwehr ihre Arbeit machen zu lassen. Das nahm einer der Zivilisten zum Grund, den Wehrleiter zu ohrfeigen und sich von der Einsatzstelle zu entfernen. Dieser wurde dann von einem Triberger Arzt und einem Offizier der Triberger Feuerwehr zur Rede gestellt. Das Erstaunen war natürlich groß, dass es der Fürst zu Fürstenberg war.«³⁸ Die Empörung in der Bevölkerung ist gewaltig. Max Egon, dessen Schloss das Feuer unbeschädigt überstanden hat, also für die nahende herbstliche Kaiserjagd uneingeschränkt zur Verfügung steht, entschuldigt sich am nächsten Tag.

Dass die »Triberger Affäre« seinem Ansehen nicht dauerhaft schadet, ist dem Engagement zuzuschreiben, das Max Egon beim Wiederaufbau der Stadt an den Tag legt. Er spendet spontan 40 000 Mark, präsidiert dem wenige Tage später gegründeten Norddeutschen Hilfskomitee für Donaueschingen in Berlin und mobilisiert Hilfe von befreundeten oder verwandten Mitgliedern deutscher Adelshäuser. Cousin Christian Kraft weist 10 000, Cousin Franz Prinz von Ratibor immerhin 1000 Mark an. Besonders erfolgreich ist ein Telegramm, das Max Egon noch am Unglückstag nach Berlin verschickt: »Seiner Majestät dem Kaiser, Berlin. Melde Euer Majestät alleruntertänigst mit tiefbekümmertem Herzen, dass eben unsere Stadt Donaueschingen fast zur Hälfte niedergebrannt ist. Hunderte von Menschen sind obdachlos. Schloß, Brauerei und andere Gebäude bisher unberufen Gottlob unversehrt geblieben. Euer Majestät in tiefster Ehrfurcht treu gehorsamster Diener Max Egon Fürstenberg.«[39] Wilhelm beteiligt sich zwar nur mit 3000 Mark – für die sich die Donaueschinger Bürger mit einer »Kaisernische für die Büste seiner Majestät« im neuen Rathaus bedanken –, aber er unterstützt die zahlreichen Hilfsaktionen in Berlin, bei denen insgesamt 200 000 Mark zusammenkommen.

Die Brandruinen stehen noch, als Wilhelm am 7. November 1908 mit seiner Entourage in Donaueschingen eintrifft. Zuvor hat er sich einige Tage im Jagdschloss Eckartsau als Gast des Erzherzogs Franz Ferdinand vergnügt – dem kommenden Mann am Wiener Hof –, danach eine Stippvisite bei Kaiser Franz Josef eingelegt, und nun steht im Schwarzwald wie jedes Jahr die gemeinsame Fuchsjagd mit Max Egon auf dem Programm. Es dauert drei Tage, bis ihn der »Novembersturm«[40] erreicht, der im Berliner Reichstag losgebrochen ist und den Kaiser fast vom Thron fegen wird. Am 28. Oktober hat der Daily Telegraph die Gespräche, die Wilhelm knapp ein Jahr zuvor mit Oberst Wortley in Highcliffe Castle in Anwesenheit Max Egons geführt hatte, in Form eines künstlichen Interviews veröffentlicht und damit die Weltöffentlichkeit erschüttert.

Wilhelm hat seit seiner Thronbesteigung 1888 schon einige Proben plumper Täuschungsmanöver und grober Taktlosigkeit gegeben, das »Interview« aber ist sein Meisterstück. Es ist der durchschaubare – und in London auch sofort durchschaute – Versuch, die wahren Absichten seiner Flottenbaupolitik zu verschleiern und bei den Engländern Misstrauen gegenüber deren Ententepartnern Frankreich und Russland zu säen. Der Flottenbau, sagt Wilhelm, richte sich nicht gegen England, sondern gegen die aufsteigenden Mächte im Fernen Osten, China und vor allem Japan. Die Engländer seien »verdreht wie Märzhasen«, wenn sie ihn als ihren Feind betrachteten. Zwar sei die Mehrheit der Deutschen durchaus englandfeindlich, er aber – ein Enkel Queen Victorias – sei stets für Englands Interessen eingetreten. Als Russland und Frankreich während des Burenkriegs (1899–1902) versucht hätten, sich gegen England zusammenzuschließen und es »bis in den Staub zu demütigen«, habe er Queen Victoria diesen perfiden Plan sofort gemeldet. Den vom Daily Telegraph eingereichten Entwurf des »Interviews« hatte Wilhelm nicht zu sehen bekommen, er war an Reichskanzler Bernhard von Bülow im Urlaub auf Norderney gegangen. Dieser behauptet zwar, ihn nicht gelesen, sondern postwendend an subalterne Beamte im Auswärtigen Amt weitergeleitet zu haben, aber auf diese – nachweislich falsche[41] – Behauptung verfällt er erst, nachdem sich Freigabe und Veröffentlichung als katastrophale Fehlentscheidung erwiesen haben.

Es sind nicht nur die bizarren Äußerungen Wilhelms, sondern auch die obskuren Hintergründe ihrer Veröffentlichung, die über alle Parteien hinweg bis hinauf zu den Spitzen den Hofes einen Proteststurm entfachen. Die Berliner Salonnière Baronin Spitzemberg vermerkt in ihrem Tagebuch, das Ganze sei »das Beschämendste, Kläglichste, Indiskreteste und Bedenklichste, was der Kaiser bisher geleistet! [...] Der Kaiser ruiniert unsere politische Stellung und macht uns zum Gespött der Welt [...] Man faßt sich an den Kopf, ungewiß, ob man nicht in einem Narrenhause ist!«[42] Ganz ähnlich fühlt der Soziologe Max Weber: »Mir ist, als ob uns eine Horde Irrsinniger regiere.«[43] Schon zwei Jahre vor der Daily-Telegraph-Affäre hatte Weber gewarnt: »Das Maß an Verachtung, welches uns, als Nation, im Ausland [...] entgegengebracht wird, weil wir uns dieses Regime dieses Mannes ›gefallen lassen‹, ist nachgerade ein Faktor von ›weltpolitischer‹ Bedeutung für uns geworden. Kein Mann und keine Partei, die in irgendeinem Sinne ›demokratische‹ und zugleich ›nationalpolitische‹ Ideale pflegt, darf die Verantwortung für dieses Regime, dessen Fortdauer unsere Weltstellung mehr bedroht als alle Colonialprobleme irgend welcher Art, auf sich nehmen.«[44]

Der Verdruss über den Selbstherrschaftsanspruch Wilhelms, den der Regent eines der modernsten Industriestaaten der Welt mit dem Gottesgnadentum begründet, über seine plötzlichen Eingriffe in die Staatsgeschäfte, über sein tölpelhaftes diplomatisches Ungeschick bricht sich in der Daily-Telegraph-Affäre Bahn. Am 10. und 11. November 1908 debattiert der Reichstag über die kaiserlichen Exzesse. Die Sozialdemokraten präsentieren ein »ungeheures Anklageregister gegen das ›persönliche Regiment‹ und seinen Träger«[45] und fordern die Absetzung Bülows durch den Kaiser. Nicht nur die Sozialdemokraten, fast alle Abgeordneten des Reichstags stellen sich gegen Wilhelm: »Das deutsche Vaterland befindet sich gegenwärtig [...] in einer Gefahr, in die es durch seinen gutgläubigen Kaiser geführt worden ist.«[46] Der einflussreiche Journalist Maximilian Harden, ohnehin ein erbitterter Gegner Wilhelms, erklärt den Kaiser für erledigt: »Und kann man nach allem, was jetzt draußen und drinnen gesagt worden ist, noch daran denken, im Ernst daran denken, wieder Kaiser und höchste Autorität zu spielen? Es ist aus; und nur fraglich, ob wir den Mut zur Operation finden oder die langsame Fäulnis des Reichskörpers vorziehen werden.«[47]

Das Gefolge Wilhelms findet nicht einmal den Mut, ihn über seine Lage aufzuklären. Er ahnt nicht, dass in Berlin sein Kaiserthron wankt, während er mit Max Egon und dessen Freunden und Verwandten aus dem österreichischen Hochadel in Donaueschingen auf Fuchsjagd geht. Noch am Morgen des 11. November zeigt er »bei Frühstück im Jagdzelt sehr lustige Stimmung«.[48] Erst am Abend erklärt ihm Max Egon – zusammen mit dem Chef des Militärkabinetts Dietrich von Hülsen-Haeseler – den Skandal um seine Person. Der Kaiser sei, berichtet ein Augenzeuge, »völlig starr gewesen«, er habe nicht begreifen können, »wie seine guten Absichten so missverstanden worden seien«. In seiner Entourage in Donaueschingen findet der Kaiser in diesen schwierigen Tagen nur wenig Verständnis, nicht zuletzt, weil er nur Max Egon gegenüber sein Herz öffnet. Konsterniert bemerkt Hofmarschall Robert Graf Zedlitz-Trützschler, dass Wilhelm »nach einem Gespräch mit dem Fürsten Fürstenberg sehr stark weinte. Es war für uns alle ein trauriges Gefühl, dass er in jenen Tagen, obgleich er alte, verdiente und treue Ratgeber um sich hatte, nur mit dem Fürsten Fürstenberg, der doch ein halber Ausländer ist, über das sprach, was ihn wirklich bewegte und beschäftigte.«[49] Das Verständnis des Freundes bleibt nicht unbedankt. Auf dem Rückweg nach Berlin telegrafiert Wilhelm nach Donaueschingen an Max Egon und Ehefrau Irma: »Ihr habt mir Balsam auf mein wehes Herz gelegt und Mut und Kraft verliehen zum Glauben an mich fest.«[50]

Die Daily-Telegraph-Affäre erschüttert das Regime Wilhelms wie keine andere bis zu seinem Abgang im November 1918, aber er übersteht den Skandal. Der Reichstag poltert, belässt es aber bei Protest und Drohung. Der Reichskanzler handelt Wilhelm lediglich die Zusicherung ab, sich künftig mehr zurückzuhalten und die verfassungsmäßigen Kompetenzen zu beachten. Für Bülow selbst aber bedeutet die Affäre das Ende seiner Karriere. Wilhelm fühlt sich von ihm verraten, weil er ihn im Reichstag nicht überzeugend verteidigt habe, und wartet nur auf die Gelegenheit, den Kanzler loszuwerden. Sie ergibt sich wenige Monate später. Dass Wilhelm sie entschlossen ergreift und ihn zum Rücktritt nötigt, verdankt Bülow nicht zuletzt einem seiner erbittertsten Feinde am Hof – Max Egon.[51]

Nicht erst seit den dramatischen Tagen von Donaueschingen sind der Kaiser und Max Egon unzertrennlich. Wilhelm verlangt von Max Egon ständige Verfügbarkeit, ein Ruf muss genügen, um »seinen Max« im Berliner Schloss, im Achilleion auf Korfu, zur alljährlichen »Nordlandfahrt« auf der kaiserlichen Yacht *Hohenzollern* und sogar bei Militärmanövern erscheinen zu lassen. Als Max Egon sich einmal erlaubt, vorzeitig abzureisen, zürnt ihm Wilhelm noch ein Jahr später: »Du hast mich letztes Jahr verlassen, und ich möchte so etwas nicht noch einmal erleben, mein lieber Obermarschall! Verstanden?«[52] Max Egon fügt sich. Er passt sich nicht nur den Wünschen des Kaisers an, mit der Zeit wird er Wilhelm auch äußerlich immer ähnlicher: Max Egon trägt den gleichen Bart, hat die gleiche Frisur, selbst sein Gang lässt sich kaum von dem Wilhelms unterscheiden. Auf ihre Umgebung wirken sie wie »siamesische Zwillinge«.[53] Am Berliner Hof wird ihre intime Nähe zunehmend misstrauisch beäugt. Bülow, der es als Höfling und Charmeur durchaus mit Max Egon aufnehmen kann, notiert in seinen Erinnerungen: »Der Deutsche Kaiser hatte keine Geheimnisse vor dem Österreicher Fürstenberg, weder persönliche noch politische, er zeigte diesem selbst sekrete Berichte, schimpfte vor ihm über seine eigenen Minister und über fremde Potentaten, ließ sich völlig vor ihm gehen.«[54]

Bülows Verdacht, Max Egon habe an seinem Sturz mitgewirkt, bestätigt in einem Brief ausgerechnet Fürst Eulenburg, der in Ungnade gefallene ehemalige Intimus des Kaisers: »Ein gewisser Max Fürstenberg trägt wesentlich die Schuld an der Wendung der Dinge, soweit sie Dich betreffen. Ich habe darüber sichere Kunde«.[55] Tatsächlich lässt Max Egon nichts unversucht, Bülow aus der Umgebung Wilhelms zu entfernen. Wenige Wochen vor dem Sturz Bülows schreibt er seiner Frau: »[Ich sagte dem Kaiser,] dass Bülow nicht zu trauen ist. Da ist eine Falschheit in seinen Augen, und er sieht dir niemals direkt in die Augen. Er wird sofort alle Gnade und Vergebung vergessen, denn er hat ein kaltes und falsches Herz.«[56]

Die Gelegenheit, den Reichskanzler loszuwerden, ergibt sich im Streit um die Lösung der Finanzkrise, in der sich das Reich vor allem dank Wilhelms Flottenbauprogramm und der Heeresrüstung befindet. Auf den Stapellauf des britischen Schlachtschiffs *HMS Dreadnought* – dem zerstörerischsten und schnellsten Schiff der Welt – im Februar 1906 in Portsmouth haben die Deutschen nicht nur mit verstärkter maritimer Aufrüstung reagiert, sondern auch mit dem Bau eigener Schlachtschiffe. Die *SMS Nassau*, die im März 1908 als erstes vom Stapel läuft, ist sogar noch ein wenig größer als die britische Konkurrenz. Die Verschuldung des Reichs wächst dramatisch, 1908 werden 500 Millionen Mark zusätzliche Steuereinnahmen benötigt, um das Defizit zu decken.[57] Im Streit darüber, ob die Kosten den weniger Begüterten über eine Erhöhung der Konsumsteuern (Tabak, Schnaps, Bier etc.) oder den Wohlhabenderen über die Ausdehnung der Erbschaftssteuern auferlegt werden sollen, verliert Bülow im Reichstag die Mehrheit. Am 14. Juli 1909 reicht der Reichskanzler seinen Rücktritt ein. Einige Monate später verlangt der Staatssekretär im Reichsschatzamt »nicht nur einen Stillstand, sondern ein kraftvolles Zurückschrauben« der Rüstungsausgaben, weil andernfalls der »völlige Zusammenbruch des Finanzwesens und aller darauf gegründeten nationalen Betätigung«[58] drohe.

Ein finanzieller Zusammenbruch, wenngleich in sehr viel kleinerem Umfang, ereignet sich zur selben Zeit nicht weit entfernt vom Berliner Schloss in der Friedrich- und Oranienburger Straße: Wenige Monate nach seiner Eröffnung kollabiert das Passage-Kaufhaus zum ersten Mal. Sein Verkaufskonzept ist ebenso revolutionär wie erfolglos. In der ersten deutschen Shopping-Mall hängt die Höhe der Mieten von Lage und Einnahmen der Einzelhändler (»Detaillisten«) ab, alle Geschäfte werden von einer Zentralkasse kontrolliert und abgewickelt. Das funktioniert nicht, nach nur einem halben Jahr geht das Unternehmen in Konkurs. Daraufhin fassen die Händler den Entschluss, das Passage-Kaufhaus in ein Einkaufszentrum auf genossenschaftlicher Basis umzuwandeln. Aber auch dieser Plan scheitert, denn nun betritt ein neuer Mitspieler das Feld, dessen Name den Erfolg des Sieben-Millionen-Projekts doch noch zu garantieren verspricht: Wolf Wertheim. Ein folgenschwerer Irrtum. Als Wertheim das Passage-Kaufhaus wenige Jahre später aufgibt, hinterlässt er eine der teuersten Investitionsruinen des Fürstentrusts.

Das Warenhaus ist das Wahrzeichen der Großstadt – überwältigende Warenfülle, feste Preise, großzügiges Umtauschrecht, aufwändige Reklame –, die Konsumkathedralen der vier Wertheim-Brüder sind, neben denen der Konkurrenz von Tietz und Jandorf (Kaufhaus des Westens), Inkunabeln der Warenhausarchitektur, gleichauf mit Harrod's in London und Lafayette in Paris. »Wenn man heute in einer Familie hört: Wir gehen zu Wertheim«, notiert der Student der Nationalökonomie und spätere Reichskanzler Gustav Stresemann, »so heißt das nicht in erster Linie, wir brauchen irgendetwas besonders notwendig für unsere Wirtschaft, sondern man spricht von einem Ausfluge, den man etwa nach irgend einem schönen Orte der Umgebung macht.«[59] Die drei Wertheim-Warenhäuser – das größte und prächtigste steht in der Leipziger Straße – bieten alles, von Anzügen, frischem Geflügel und lebenden Aalen bis zu Garn, Munition und Särgen. Und sie bieten es allen, von der Arbeiterfrau bis zur Gräfin. Den Angestellten ist verboten, Personen von höherem Rang in Gegenwart einfacherer Menschen mit ihrem Titel anzusprechen oder sie bevorzugt zu bedienen. Kopf des Unternehmens ist Georg, der älteste der Wertheim-Brüder, der jüngste, Wolf, gilt als das schwarze Schaf. Er verkehrt in Künstlerkreisen, gefällt sich als Exzentriker, als einziger der vier Brüder lehnt er die Konversion vom Judentum ab.

Die Spannungen zwischen Wolf und seinen Brüdern werden zum offenen Konflikt, als der Jüngste eine berüchtigte Unterhaltungsschriftstellerin heiratet: Gertrud Wertheim, verwitwete Pinkus, geborene Tietzer. Ihre Schlüsselloch-Romane (*Der Apoll von Bellevue! Ber-*

liner Roman, Die Gräfin von Gleichen. Internationaler Roman), die sie unter dem Künstlernamen »Truth« veröffentlicht, sind Klatsch- und Tratsch-Geschichten aus der besseren Gesellschaft. Ihr erster Mann, Rechtsanwalt Georg Pinkus, hatte sich 1901 in Monte Carlo eine Kugel in den Kopf gejagt, angeblich wegen hoher Spielschulden.[60] Als sie drei Jahre später gegen den Widerstand Georgs die Frau Wolf Wertheims wird, ist das der Auftakt eines mehrjährigen Familiendramas. Vor allem Truths extravaganten Lebensstil – sie reist nie ohne Diener und Kammerzofe, ihre Feste im Hotel Bristol kosten jedes Mal Zehntausende – betrachten ihre Schwager als Provokation. Schließlich stellt Georg seinem jüngsten Bruder ein Ultimatum: entweder Trennung von der Frau oder Trennung von der Firma.[61]

Wolf steigt aus dem Unternehmen aus, erhält einige Millionen Abfindung – weil er sich übervorteilt sieht, verklagt er seine Brüder auf Zahlung von fünf Millionen Mark – und beginnt einen Rachefeldzug gegen Georg, Wilhelm und Franz Wertheim. Er gründet die Wolf Wertheim GmbH mit einer Million Mark Kapital, eine Internationale Warenhaus Gesellschaft mbH mit 500 000 Mark Kapital, eröffnet ein Warenhaus in der Potsdamer Straße, eines in der Leipziger Straße – ganz in der Nähe des Haupthauses seiner Brüder – und steigt im Frühjahr 1909 in der Friedrichstraßen-Passage ein. Der Journalist Maximilian Harden klagt, »das Passagekaufhaus hat nicht einen einzigen Tag des Glücks erlebt«, und zeigt sich skeptisch, ob sich die Tage unter Wolf Wertheims Führung bessern werden: »Die Zukunft des Passagekaufhauses hängt nun wohl an den Talenten des Herrn Wolf Wertheim.«[62] Auch sein Erscheinen ändere nichts daran, dass es von Anfang an kein »Bedürfnis« nach einem weiteren Warenhaus gegeben habe. Allein die Rachegelüste Wolf Wertheims sind keine ausreichende Geschäftsgrundlage.

Er führt den Betrieb des Kaufhauses unter der Firma W. Wertheim GmbH weiter und übernimmt das gesamte Warenlager sowie die Aktien der Passage-Bau AG von Neuburger und Markiewicz. Er entfacht einen gewaltigen Reklamerummel und macht von sich reden, als der Franzose Hubert Latham für das Warenhaus Wolf Wertheim im September 1909 mit einem Antoinette-Eindecker in 14 Minuten und 31 Sekunden den ersten Überlandflug in Deutschland vom Tempelhofer Feld nach Johannesthal schafft. Er wirbt bewährte Mitarbeiter des Familienunternehmens mit höheren Gehältern ab und versucht, die Kundschaft mit allen Tricks des Marketings zu ködern. Aber am Ende des Jahres 1909 schreibt das Unternehmen Verluste in Höhe von 1,1 Millionen Mark, 1911 springen sie auf 9,3 Millionen Mark. Der Geldbedarf Wolf Wertheims ist enorm, neben der Palästina-Bank des Fürstentrusts hilft die Berliner Terrain- und Bau-AG mit Krediten aus, entgegen den Vorschriften ohne hypothekarische Sicherheiten. Zwar sind ihr Aktien der Passage-Bau AG und Anteile an der W. Wertheim GmbH in Höhe von insgesamt acht Millionen Mark verpfändet, aber dadurch »wurde die Gesellschaft nur sozusagen Besitzerin eines durch und durch verspekulierten Unternehmens«.[63] Auch der vermeintliche Anspruch Wolf Wertheims gegen seine Brüder auf Zahlung von fünf Millionen Mark, den er der Berliner Terrain- und Bau-AG als Sicherheit verpfändet hat, erweist sich als wertlos. Das Reichsgericht weist seine Klage in letzter Instanz ab.

Das sich anbahnende Desaster hat viele Ursachen: die Sättigung der Stadt mit Warenhäusern, die exorbitante Miete von jährlich einer Million Mark, die horrende Zinsbelastung – allein der Palästina-Bank des Fürstentrusts schuldet Wertheim jährlich bis 1,5 Millionen Mark Zinsen, was »jede Rentabilität […] unmöglich machte«[64] – und nicht zuletzt die Korruptheit der Geschäftsführung. Die »Agenten« der Hersteller sind stets willkommene Gäste in den Büros der Direktoren, die sich die Abnahme der Waren bezahlen lassen. Wer sich gegen die »Ausbreitung des Schmutzes« wehrt, riskiert die Kündigung. Ziel der Geschäftsführung ist nicht der Gewinn des Unternehmens, sondern der größtmögliche Umsatz, »denn je mehr Waren ein- und ausgingen, desto reichlicher floss der Goldregen«.[65] Bezeichnend, schreibt das Berliner Tageblatt, sei folgender Fall: »Ein Detaillist in der Nähe Berlins liess durch seine Angestellten mehrfach bei der W. Wertheim G.m.b.H. Konfektionswaren der neuesten und kurantesten Art anschaffen, die dort weit unter Einkaufspreis angeboten wurden. Der Detaillist stellte die Waren mit einem Preisaufschlage von 50 pCt. in seinem Geschäft aus und fand trotzdem so schnellen Absatz, dass das Lager verschiedene Male durch Deckungen bei W. Wertheim ergänzt werden musste. Eines Tages kam der Fabrikant jener Konfektionswaren zu dem Detaillisten mit der Frage, wo er die im Schaufenster ausgestellten Konfektionsstücke beziehe, denn infolge des niedrigen Verkaufspreises sei ihm, dem Fabrikanten, die Vermutung gekommen, die Ware könne gestohlen worden sein. Das Erstaunen des Fabrikanten war nicht gering, als ihm der Detaillist die Kassenzettel von W. Wertheim vorlegte, wobei sich ergab, dass Wertheim die betreffenden Waren bei dem Fabrikanten selbst teurer gekauft hatte, als der Detaillist sie trotz des Preisaufschlages von 50 pCt. abgab.«[66]

Zum geschäftlichen Fiasko tritt bei Wolf Wertheim eine Familientragödie. In der Silvesternacht 1908/09 stürzt sich Gertrud Wertheims Tochter aus erster Ehe, die 16-jährige Dolly, aus dem dritten Stock des berühmten Hotels Esplanade auf den gepflasterten Hof. Ein Fensterbrett dämpft den Aufprall, desgleichen aus den Restaurationssälen hinausgeschaffte Weihnachtsbäume.[67] Voreilig meldet eine Zeitung, das Mädchen sei seinen »fürchterlichen Verletzungen erlegen«,[68] doch wird Dolly nur mit gebrochenen Füßen und zerschmetterter Kinnlade ins Krankenhaus eingeliefert. Es ist nicht klar, ob Dolly sterben will, weil ihre jüngst geschlossene Ehe mit dem doppelt so alten Schriftsteller Artur Landsberger unglücklich ist oder weil ihre Mutter, die Landsberger hasst, alles versucht, die Ehe zu zerrütten. Die Zeitungen, die darüber berichten, interessieren sich ohnehin weniger für den Suizidversuch, sondern vor allem für den Ort.

Denn das erst wenige Wochen zuvor eröffnete Esplanade in der Bellevuestraße 17/18a am Potsdamer Platz sieht bürgerliche Gäste –

selbst wenn sie so vermögend sind wie das Ehepaar Wertheim – im Prinzip nicht vor. Zwar verfügt Berlin in diesen Jahren über einige luxuriöse Hotels, an erster Stelle das Adlon. Aber keines entsprach den Vorstellungen Kaiser Wilhelms, der deshalb um eine feudale Herberge nur für höchste und allerhöchste Herrschaften gebeten hatte. So entstand das Grand Hotel Esplanade, Palastfassade aus grauem Sandstein im Spätbarockstil Louis XVI., die Hoffronten in Terranova-Putz, vergoldete Stuckverzierungen, an den Decken prächtige Kristallleuchter, im Erdgeschoss Hallen, Restaurants und Festsäle, im dritten Obergeschoss abgeschlossene Wohnungen mit Salons, Schlafzimmern und Bädern, auf fünf Etagen der ganze Pomp der Kaiserzeit, Baukosten: 25 Millionen Mark.[69] Zu den Dauergästen zählt von Anfang an Max Egon. Er hat im Esplanade eine ständige Wohnung, wenn er sich im Winter oder zu den Herrenhaus-Sessionen in Berlin aufhält. Hier fühlt er sich zuhause, denn der Bauherr des Esplanade war die Hamburger Deutsche Hotel-Aktiengesellschaft, die zum Fürstentrust gehört. Über diese Gesellschaft kommt der Fürstentrust mit der Architektur- und Baufirma Boswau & Knauer in Berührung, die das Esplanade errichtet hat. Für keinen Kontakt werden die Fürsten teurer bezahlen.

Boswau & Knauer gilt in diesen Jahren als eine der größten Baufirmen Europas.[70] Nach bescheidenen Anfängen im Jahr 1892 ist die Firma unter Führung des Kaufmanns Hermann Knauer – der Architekt und Mitgründer Paul Boswau ist schon nach kurzer Zeit ausgestiegen – rapide gewachsen. In den ersten Jahren beschäftigte sie sechs Beamte und hundert Arbeiter mit Bauaufträgen im Wert von 200 000 Mark, inzwischen arbeiten für sie mehr als fünfhundert Beamte und rund zehntausend Bauarbeiter, das Auftragsvolumen liegt bei 50 Millionen Mark.[71] Es ist nicht nur das größte, sondern auch das bekannteste Bauunternehmen im Deutschen Reich. Viele der berühmten Prachtbauten, die in diesen Jahren vor allem in Berlin entstehen, werden von Boswau & Knauer errichtet: »Man denke an die

Berliner Luxushotels, Theater und Stätten profaner Vergnügungen, an Esplanade und Piccadilly, Kurfürsten-Oper und Komische Oper, Hebbel-Theater und Neues Schauspielhaus. Man denke an Siechen und Kaufhaus des Westens, ferner an die Unzahl von Geschäftspalästen, die alle Boswau & Knauerschen Ursprungs sind und keinen kleinen Anteil an der Verschönerung des Berliner Stadtbildes haben.«[72] Boswau & Knauer baut nicht nur in der Hauptstadt, sondern überall im Deutschen Reich: Wohnanlagen, Schulen, Post-, Verwaltungs-, Amts- und Landgerichtsgebäude, Kaufhäuser und Museumserweiterungen, Kinderheilstätten, Villen und Industriekomplexe, Waffen- und Munitionsfabriken, Bismarcktürme und Stauanlagen, die Baumwollbörse in Bremen und so weiter.[73] Unermüdliches Engagement legt Boswau & Knauer auch beim Bau von Bankgebäuden an den Tag, vorzugsweise für die Bergisch-Märkische Bank, die vor Jahren eine »Interessengemeinschaft« mit der Deutschen Bank gebildet hat, tatsächlich aber von der Berliner Großbank kontrolliert wird. Für die Bergisch-Märkische Bank baut Boswau & Knauer unter anderem Filialen in Köln, Aachen, Düsseldorf und Goslar.[74] Die Deutsche Bank sorgt dafür, dass Boswau & Knauer nach Möglichkeit zum Zuge kommt. Als die Hamburger Filiale der Deutschen Bank einen Neubau plant, bekommt sie Post von der Berliner Zentrale: »Die mit uns in Verbindung stehende Firma Boswau & Knauer G.m.b.H., Architektur und Bauausführungen, welche seit mehr als 10 Jahren in Hamburg ein Zweiggeschäft unterhält, teilt uns mit, dass sie sich bemühe, zur Offertabgabe für Ihren Um- und Erweiterungsbau herangezogen zu werden. Boswau & Knauer haben nun die Bitte an uns gerichtet, bei Ihnen ein gutes Wort dafür einzulegen, dass sie möglichst mit der Ausführung der Bauten betraut werden und wir möchten nicht verfehlen, den Wunsch der Firma Boswau & Knauer G.m.b.H. hiermit an Sie weiterzugeben. Wir erwähnen dabei, dass wir bei unseren Beziehungen zu Boswau & Knauer den allergrössten Wert darauf legen müssen, dass diese Firma den fraglichen Auftrag von Ihnen bekommt«.[75] Die Beziehungen der Deutschen Bank zu Boswau & Knauer sind tatsächlich so, dass die Bank größtes Interesse am wirtschaftlichen Erfolg des Unternehmens haben muss.

Der ist allerdings aufgrund der Geschäftspraktiken der Firma im Jahr 1908 dramatisch gefährdet. Mit dem Geld der Deutschen Bank – und den Krediten der Lieferanten – hat die Geschäftsführung bei ihrer rasanten Expansion eine »geradezu irrwitzige Tätigkeit«[76] entfaltet, indem sie Bauten errichtete und finanzierte, deren Gesamtrisiko eine »babylonische Höhe« von 100 Millionen Mark erreichte.[77] Knauer hat das Geld in ein Labyrinth von Bauunternehmungen gesteckt, die in Dutzenden Verkleidungen auftreten. Als Hermann Knauer im März 1909 mit 37 Jahren überraschend stirbt, beklagt die Geschäftswelt nicht den Tod des Kaufmanns, sondern verwünscht das Leben eines Ganoven. Denn es stellt sich nicht nur heraus, dass der persönliche Nachlass überschuldet ist, auch seine Firma befindet sich in trostloser Lage: »Unter den Aktiven der Firma Boswau & Partner befanden sich in deren Bilanz [...] nicht unerhebliche Beträge von Bauforderungen, Hypotheken und Beteiligungen an Unternehmungen, für welche die Firma in früheren Jahren Bauaufträge ausgeführt hatte. Ein Teil dieser Werte hat sich im Laufe der Zeit als schwer realisierbar, ein anderer Teil als notleidend und sogar als nicht zu Recht bestehend herausgestellt.«[78]

Um ihr Geld wenigstens teilweise zu retten, entscheidet sich die Deutsche Bank für eine so originelle wie brutale Methode, die den Praktiken Ernst Hofmanns ausgesprochen ähnlich ist, mit dem Unterschied, dass sie funktioniert. Als ersten Schritt gilt es, bestimmenden Einfluss auf den Fürstentrust zu erlangen. Offiziell widerspricht dies der Maxime Christian Krafts und Max Egons, Großbanken den Zugang zum Fürstentrust zu verweigern und ausschließlich eigenes Vermögen einzusetzen. Dabei waren Großbanken bei beiden schon immer im Spiel. Die Umwandlung von Christian Krafts Montanbesitz in die Hohenlohe-Werke AG im Jahr 1905 etwa war von der Berliner

Handels-Gesellschaft abgewickelt worden, eine Gründung der Hochfinanz und eine der führenden Banken auf dem Gebiet der Industriefinanzierung.

Ihr Chef, der kluge Bankier Carl Fürstenberg, betrachtet die Gründung der Aktiengesellschaft nicht nur deshalb als »einen der größten äußeren Erfolge meines Lebens«,[79] weil seine Bank sehr gut daran verdient hat. Auch als Vorsitzender des Aufsichtsrats der Hohenlohe-Werke AG ist Fürstenberg ebenso erfolg- wie einflussreich. Zwar war Fürstenberg am Anfang von einigen Mitarbeitern irritiert, insbesondere vom Finanzdirektor, »ein Herr Knöpfelmacher« – jenem wenig vertrauenswürdigen Wiener Brikett-Experten und Vertrauten Christian Krafts –, dem er mit deutlichem Argwohn begegnete: »Meine Unterhandlungen mit Herrn Knöpfelmacher wurden in der Weise weitergeführt, daß ich über jede Besprechung noch in seiner Gegenwart eine Aktennotiz diktierte, sie ihm vorlas und das derartig zustande gekommene Protokoll dann von ihm paraphieren ließ.«[80] Aber die mühsame Zusammenarbeit fand schnell ein Ende. Bald wurde eine »umfangreiche Veruntreuung« bekannt, die Knöpfelmacher »seinem Fürsten gegenüber begangen hatte«,[81] und der Finanzdirektor aus dem Aufsichtsrat geworfen. Zwar hatte Christian Kraft die Rückkehr seines Vertrauensmanns in den Aufsichtsrat »nach seiner Rechtfertigung«[82] in Aussicht gestellt. Dazu hatte sich Knöpfelmacher jedoch nicht in der Lage gesehen.

Allerdings währt auch das Einverständnis zwischen Christian Kraft und Bankier Fürstenberg nicht lang. Die Ursache des Zerwürfnisses liegt nicht, wie damals einige Zeitungen behaupten, in einer abfälligen Äußerung des Bankiers über Christian Kraft und Max Egon dem Kaiser gegenüber. Auf einer Nordlandreise an Bord der kaiserlichen Yacht *Hohenzollern* soll Fürstenberg die beiden als »fürstliche Finanzdilettanten«[83] bezeichnet und Christian Kraft damit tief getroffen haben. Die Formulierung – spöttisch und präzise – lässt zwar auf den Urheber Carl Fürstenberg schließen, vor dessen Sentenzen die Berliner Geschäftswelt zittert. Aber die Äußerung allein dürfte für eine Entzweiung kaum genügen. Vielmehr dürfte sie von den immer unerfreulicheren finanziellen Verhältnissen Christian Krafts herrühren und seinen zunehmend panischen Versuchen, ihnen zu entkommen. Wie ein verrückter Feldherr seine Regimenter schickt Ernst Hofmann die Millionen der Fürsten Monat für Monat in den sicheren Untergang. Das Geld fließt nicht nur in die Investitionsruine Passage-Kaufhaus, auch die Beteiligung an den Niederlausitzer Kohlenwerken ist teuer, die Erweiterung der fürstlichen Schifffahrtsinteressen, die Sanierung der Levante-Linie, der Ausbau der Palästina-Bank, die Aufschließung der Kalilager an der Unstrut, die ohne Rücksicht auf die Lage am Kalimarkt zügig ausgebaut werden. Schon nach kurzer Zeit sind die Unternehmen »ungeheuerlich überschuldet«.[84]

Von Max Egon hat Christian Kraft nur wenig Unterstützung zu erwarten. Aber wenn es ihm und Ernst Hofmann gelänge, aus der profitablen Hohenlohe-Werke AG noch mehr Geld herauszuholen, wären zumindest einige Investitionen des Fürstentrusts gesichert. Auf dem krummen Weg, der zum Ziel führen soll, wird die Deutsche Bank Christian Kraft und Ernst Hofmann begleiten. Und das einzige Hindernis – Bankier Fürstenberg, der sich den geplanten »Manipulationen«[85] energisch widersetzt – wird schnell, wenn auch keineswegs geräuschlos beseitigt.

Am 19. Februar 1910 findet in Berlin die fünfte ordentliche Generalversammlung des Fürstentrusts statt. Neu in den Aufsichtsrat werden gewählt: Christian Kraft, Hermann Witscher, der Direktor der Palästina-Bank, und Geheimer Kommerzienrat Carl Klönne, Vorstandsmitglied der Deutschen Bank. »Ziemlich plötzlich« für die Außenwelt taucht »die Deutsche Bank in der Verwaltungszentrale des Magnatenkapitals«[86] auf. Die Veränderungen im Fürstentrust bekommt der Aufsichtsratsvorsitzende der Hohenlohe-Werke AG, Bankier Fürstenberg, alsbald zu spüren. Wenig später berichtet er von obskuren Modifikationen der Geschäftsabläufe: »Die von dem Besitzer der Mehrheit der

Aktien [i.e. Christian Kraft, d. Verf.] in den Aufsichtsrat entsendeten Vertreter, welche die Majorität des Aufsichtsrats darstellen, begannen in intensiver Weise sich um die Behandlung der grösseren Vorstandsgeschäfte zu kümmern. Es wurde die Fortsetzung bestehender Verbindungen untersagt, die Anknüpfung anderer gewünscht, ohne Rücksicht auf die entgegenstehenden Ansichten des Vorstandes und ohne Rücksicht auf die Durchführbarkeit. Die Heftigkeit des Eingreifens in die Vorstandsgeschäfte steigerte sich und führte bald dahin, dass ausserhalb der Aufsichtsratssitzungen Verhandlungen jener geschlossenen Majorität von Mitgliedern unter Hinzuziehung des Generaldirektors der Hohenlohe-Werke Aktiengesellschaft und von Vertretern der Handelsvereinigung stattfanden und Vereinbarungen getroffen wurden unter Zusicherung der Ratifikation in der nächsten Aufsichtsratssitzung. Weder dem Vorsitzenden noch den anderen nicht dem Zusammenschluss angehörigen Mitgliedern des Aufsichtsrats wurde irgend etwas von diesen Einzelheiten bekannt, sie konnten sich in der Aufsichtsratssitzung noch immer entschliessen, wie sie stimmen wollten, denn es war gleichgültig – die Majorität hielt zusammen.«[87] Mit anderen Worten: Carl Fürstenberg wird kaltgestellt.

Schon im Frühjahr 1910 kommt es endgültig zum Bruch zwischen Christian Kraft und dem Bankier. Christian Kraft hat im Aufsichtsrat auf Betreiben Ernst Hofmanns den Abschluss eines neuen Kohlelieferungsvertrages durchgesetzt, wonach der lukrative Verkauf der Kohlen aus den Gruben der Hohenlohe-Werke künftig in den Händen der Firma Wulff & Co. liegen soll. Der neue Vertrag ist für die Hohenlohe-Werke ungünstiger als der alte, für Christian Kraft dagegen – er ist Miteigentümer von Wulff & Co – ist er profitabel. Fürstenberg wendet sich gegen das »gute Sondergeschäft«, unterliegt und verlässt unter öffentlichem Protest Anfang Mai den Aufsichtsrat. Damit wird auch hier die Stelle frei für Carl Klönne: »Es ist erstaunlich, was dieser Mann mit den steinharten Zügen der Deutschen Bank an Geschäften zugeschleppt hat.«[88]

Von den sich damit neu ergebenden Möglichkeiten scheinen zunächst alle Beteiligten zu profitieren, vor allem die Deutsche Bank. Mit ihrer Hilfe gelingt es Christian Kraft, seine Jahresrente von drei Millionen Mark, die ihm 1905 bei der Umwandlung der Hohenlohe-Werke in eine Aktiengesellschaft gewährt worden war, durch neue Aktien im Wert von 32 Millionen Mark[89] zu ersetzen. Er verpfändet sie der Bank, im Gegenzug erhalten der Fürstentrust und Christian Kraft persönlich neue Kredite. Die Bank bewilligt auch die Ausgabe einer »Obligationsanleihe« von 20 Millionen Mark, also eines Kredits zu fünf Prozent Zinsen an die Berliner Terrain- und Baugesellschaft, gesichert mit Hypotheken, vor allem aber mit der Garantie des Fürstentrusts, für Zinsen und Amortisationsdienst einzustehen. Im Gegenzug jedoch muss die Terrain- und Bau-AG, ohnehin mit Millionenzahlungen für das Passage-Kaufhaus schwer belastet, auch noch das Bauunternehmen Boswau & Knauer übernehmen, dem der Vorstandssprecher der Deutschen Bank, Arthur von Gwinner, aufgrund seiner miserablen Bilanzen bescheinigt, es werde von »Gaunern und Fälschern«[90] betrieben. Der Deutschen Bank scheint es also zu gelingen, sich das Unternehmen und dessen unkalkulierbare Risiken recht billig vom Halse zu schaffen und es dem Fürstentrust umzuhängen. Welche Rolle Ernst Hofmann bei den Aktionen spielt, ist unklar. »Man weiß noch nicht, ob und inwieweit Herr Hofmann Instrument der Deutschen Bank war«,[91] raunt ein Autor der Weltbühne noch vier Jahre nach dem Ende des Fürstentrusts. Man weiß auch nicht, ob und inwieweit Hofmann die Risiken für den Fürstentrust überblickt oder sie sogar, von der Bank finanziell ermuntert, billigend in Kauf nimmt. Sehr wahrscheinlich aber ist, dass zumindest weder Christian Kraft noch Max Egon die Risiken erkennen. In diesen Monaten haben sie ohnehin Wichtigeres zu tun, als sich um die Geschäfte in Berlin zu kümmern.

Als die Deutsche Bank nach dem Aufsichtsrat des Fürstentrusts mit Direktor Klönne, dem »wahren Moltke der Bankwelt«,[92] auch den

Aufsichtsrat der Hohenlohe-Werke AG erobert, wird in Wien feierlich die Erste Internationale Jagdausstellung eröffnet. Sie soll die höchsten und allerhöchsten Mitglieder des österreichischen und deutschen Hochadels beeindrucken, aber auch ihre Wirkung auf das einfache Volk nicht verfehlen: »Die Erste Internationale Jagdausstellung Wien 1910 verfolgte den Zweck, die Bedeutung der Jagd vom volkswirtschaftlichen Standpunkt aus darzutun, Verständnis und Sympathie für ihren kulturellen Wert in die großen Massen zu tragen.«[93] Max Egon ist ihr Präsident, Christian Kraft einer der rührigsten Aussteller.

Schon vor der Eröffnung am 7. Mai 1910 – wegen des Todes des britischen Königs Edward VII. am Tag zuvor offiziell abgesagt, aber dennoch munter gefeiert – hatte Max Egon für den nötigen Glanz der Veranstaltung gesorgt und im April mit dem Friedensnobelpreisträger und ehemaligen US-Präsidenten Theodore Roosevelt die Ausstellung besucht. Zuvor hatte sich Roosevelt bei einer ihm zu Ehren veranstalteten Hoftafel im Schloss Schönbrunn mit Kaiser Franz Josef über ihre Jagderlebnisse ausgetauscht – zwei Experten auf diesem Gebiet, von denen der eine, Franz Josef, bis zu seinem Lebensende 55000 Hirsche, Gämsen, Auerhähne und Wildschweine erlegen wird. In der französisch geführten Konversation beeindruckte Roosevelt den Kaiser mit »interessanten Details«[94] seiner Jagden in Afrika. Doch können die Erlebnisse Roosevelts kaum so erstaunlich gewesen sein wie die des Prinzen Friedrich Karl zu Hohenlohe-Öhringen und seiner Frau auf ihrer Nashorn-Jagd, über die Anfang des Jahres ausführlich berichtet worden war: »Mit reicher und mannigfacher Jagdbeute ist die Prinzessin Hohenlohe aus Afrika zurückgekehrt. Sie hat Krokodile und Elephanten, Giraffen und allerlei Raubvögel geschossen und damit als Jägerin einen Rekord aufgestellt, den noch keine andere europäische Dame im dunklen Weltteile erreicht hat.«[95] Die Jagd ist auch zu Beginn des 20. Jahrhunderts die »traditionelle Antidroge gegen Überdruß«[96] der Adelsmänner, aber die Moderne ist unübersehbar auf dem Vormarsch. Inzwischen werden auch adlige Frauen und sogar republikanische Präsidenten a.D. fast als ebenbürtige Jagdgenossen betrachtet. Und Roosevelt hatte sich in der Ausstellung, zu der er mit Max Egon gemeinsam von dessen prächtigen, im Stil der italienischen Hochrenaissance erbauten Palais im Automobil gefahren war, als empathischer Kenner erwiesen. Von einem »Kinematographen« auf Schritt und Tritt beim Rundgang begleitet, war Roosevelts Euphorie offenbar mit jeder besichtigten Trophäe gewachsen, wobei der letzte Pavillon den Höhepunkt darstellte: »In helles Entzücken geriet er über das Jagdhaus des Fürsten Christian Kraft zu Hohenlohe-Öhringen, das dem echten in der Tatra genau nachgebildet ist und die seltensten Trophäen enthält.«[97]

Christian Krafts Pavillon entpuppt sich als *die* Attraktion der Ausstellung. Das liegt zum einen an der besonderen Atmosphäre des Hauses. Es sei, schreibt die Österreichische Forst-Zeitung gerührt, »anheimelnd in seiner einfachen Traulichkeit, welche förmlich auffordert: Mach' Dir's bequem und bleib' über Nacht«. Vor allem aber überwältigt den Autor der abwechslungsreiche Wand- und Zimmerschmuck: »Wir sehen 2 Zweiundzwanzigender, 3 Achtzehnender, 6 Sechzehnender, diverse Vierzehner und Zwölfer, eine stattliche Anzahl von Abnormitäten, 2 Bisons, 1 Kohlgams, diverse Gemsen, Luchse, 2 Steinadler, 1 Halbblutsteinbock, 1 Wildkatze usw. Ein aufgerichteter kapitaler Bär und eine Gruppe: Bärin ihr Junges verteidigend, füllen nebst anderen ausgestopften Raubtieren (Wolf und Luchs) die Ecken aus.«[98] Christian Kraft erlebt mit seinem Pavillon – alle Tiere hat er selbst erlegt – einen Publikumserfolg und Max Egon mit dem Verlauf der Jagdausstellung einen überraschenden Triumph gelungener Organisation: Kaiser Franz Josef besucht sie allein bis Juni siebenmal und zeigt besonderes Interesse an den »mächtigen Wisenthäuptern«[99] in Christian Krafts Pavillon. Als die Ausstellung nach einem halben Jahr im Oktober 1910 zu Ende geht, haben sie 2,7 Millionen zahlende Besucher gesehen, und in der Kasse bleiben – nach Rückzahlung aller öffentlichen Subventionen – 684 871 Kronen Gewinn. Er wird für den Bau eines Jugendheims für Kinder »armer Berufsjäger« verwendet.

Weder Christian Kraft noch Max Egon ist es vergönnt, ihren Erfolg in Wien angemessen auszukosten. Denn trotz des Bündnisses mit der Deutschen Bank und der neuen Kredite gehen in Berlin die Geschäfte immer schlechter. Die Millionen der Bank verschaffen der Terrain- und Bau-AG nur eine kurze Atempause. Das Passage-Kaufhaus und Boswau & Knauer sind ein »Danaidenfaß«,[100] in dem das Vermögen der Gesellschaft verschwindet. Um an Geld zu kommen, entschließt sich das Unternehmen, den »relativ besten Teil ihres Besitzes« zu verkaufen. In seinem Geschäftsbericht ist für 1910 der Verkauf fast des gesamten Grundbesitzes in Steglitz – rund 275 000 Quadratmeter – verzeichnet. Die Verkaufsgewinne stehen jedoch nur auf dem Papier.

Das Unternehmen hat große Parzellen an Baustellenhändler verkauft, die sie mit beträchtlichem Aufschlag an mittellose »Bauunternehmer« weiterverkauft hatten.[101] Die Zahl der Zwangsversteigerungen nimmt derart zu, dass vom »Steglitzer Hypothekenfriedhof« gesprochen wird. Der Vorsitzende der Berliner Handwerkskammer klagt: »Daß Steglitz schon seit Jahren für unsere Bauhandwerker ein heißes Pflaster ist und der ›Kirchhof‹ des Bauwesens von Groß-Berlin genannt wird, ist allgemein bekannt […] Bei meinem kurzen Rundgang fand ich an einer großen Anzahl der hier angeführten Schwindelbauten Plakate angeschlagen, daß der Konkursverwalter hier zu bestimmen hat […] Der Pleitegeier stiert den Besucher schon jetzt aus jedem Fenster an […] Die Verluste der Lieferanten und Bauhandwerker werden sich auf Millionen beziffern. Dabei aber wird lustig drauflos gebaut, neben den verkrachten Grundstücken entstehen neue, und ungezählte Baustellen harren noch derjenigen, die auf den Leim gehen sollen.«[102] Die Zeitschrift Der Deutsche Ökonomist liefert ein noch genaueres Bild der Lage: »Nach amtlicher Auskunft sollen zurzeit von 102 Steglitzer Neubauten nicht weniger als

72 notleidend sein, und es fungieren als Bauherren u. a. 24 Fleischergesellen, 7 Friseure, 2 Leinewebergesellen, 11 frühere Restaurateure, usw.«[103]

Es gehört »kein besonderer Scharfblick«[104] dazu, der Berliner Terrain- und Bau-AG ihren Zusammenbruch zu prophezeien, ein Blick auf die Aktienkurse genügt: Sie stürzen allein von November bis Dezember 1910 von 135 Prozent auf 110 Prozent, bis Februar 1912 dann auf 30 Prozent. Bei einem Aktienkapital von 18 Millionen Mark weist das Unternehmen für das Jahr 1911 öffentlich 16 Millionen Mark Verluste aus. Eine Sanierung wird unvermeidlich. Am 20. Februar 1912 tritt ein Sanierungskonsortium mit Vertretern der Deutschen Bank und des Fürstentrusts zusammen. Sofort entsteht ein »erbitterter Streit«,[105] wie stark sich jede Seite an den Verlusten zu beteiligen habe. Christian Kraft und Max Egon erinnern die Bank nachdrücklich daran, dass sie an der Entstehung der Schulden nicht ganz unbeteiligt war,[106] schließlich findet sich ein Kompromiss: Die Deutsche Bank und die Bergisch-Märkische Bank verzichten auf Forderungen in Höhe von zwölf Millionen Mark, der Fürstentrust übernimmt das gesamte Engagement W. Wertheims zum vollen Buchpreis von ca. zehn Millionen. Schon zuvor hatte Max Egon einen Teil der exorbitanten Summe von acht Millionen Mark, die er für den Verkauf seiner Berliner Grundstücke an die Terrain- und Baugesellschaft erhalten hatte, zurückzahlen müssen. Fünf Millionen gab er zurück, aber: »Die Terrains waren mit dem herabgesetzten Preis von 1,50 Mark für den Quadratmeter immer noch überzahlt.«[107]

Alles in allem deckt die Sanierung einen Verlust in Höhe von mindestens 30 Millionen Mark. An den Risiken ändert sich jedoch nur wenig, denn das Passage-Kaufhaus, die Hypothekenbestände und die unendlich verschachtelten Engagements von Boswau & Knauer sind reine Phantasiewerte, von denen niemand weiß, ob sie ihrem Buchpreis entsprechen. Man habe den Eindruck, resümiert der Wirtschaftsjournalist Alfred Lansburgh, »daß man vor einer Ruine steht, und daß ein Aufwand von 30 oder 50 oder noch mehr Millionen Mark nutzlos vertan worden ist.«[108]

Anfang 1912 brechen die Immobilien-, Bau- und Wohnungsmärkte in Berlin zusammen. Die Krise kulminiert in einer Kette von Ereignissen, über die nicht nur die Wirtschaftsseiten der Zeitungen berichten. Sie hatte sich mit dem Konkurs kleinerer Privatbanken angekündigt. 1911 hatte unter anderem das Bankhaus des früheren Beraters und Geschäftspartners Max Egons, Carl Neuburger, Insolvenz angemeldet – Neuburger nahm sich einige Zeit später das Leben[109] – und mehrere Gründungen des Bankiers mitgerissen. Ein Jahr später geht es Schlag auf Schlag: Im Januar bringt sich der Mitbegründer und langjährige Direktor der Borsigwalder Terrain AG um, kurz darauf folgen ihm innerhalb weniger Tage ein im Grundstücksgeschäft engagierter Privatbankier und ein unbesoldeter Stadtrat in Spandau. Im März stellt die bedeutende Hypothekenvermittlungs- und Terrainfirma Mosler und Wersche die Zahlungen ein, im August das große Bauunternehmen Kurt Berndt.[110] Die Berliner Krise beschäftigt sogar die internationale Finanzwelt. Der berühmte Finanzpolitiker und ehemalige italienische Ministerpräsident Luigi Luzzatti schaltet sich ein und beklagt das »Übermaß von Neugründungen«.[111] Nicht nur die Berliner Terrain- und Bau-AG betreibt den »Bauschwindel« als Geschäftsprinzip, aber von allen »Bauschwindlern« Berlins ist sie der größte. Ihre Sanierung im Februar 1912 gilt als der eigentliche Auslöser, zumindest als entscheidender Beschleuniger der Immobilienkrise.

Die Spannungen zwischen Christian Kraft und der Deutschen Bank, die im Streit um den Sanierungsplan hervorgetreten sind, eskalieren schnell und führen – nach dem erzwungenen Abgang des Bankiers Carl Fürstenberg zwei Jahre zuvor – nun auch zum Bruch mit der Großbank. In der Literatur wird Christian Kraft als unbeherrschter, ein wenig rabiater Charakter beschrieben, der sich als »unumschränkter Gebieter« und »rücksichtsloser Herr« verstehe und sich berechtigt glaube, »seinen Willen unter allen Umständen durchzusetzen«, selbst dann, »wenn begründete Interessen Anderer Berücksichtigung erheischten«.[112]

Im Frühjahr 1912 zeigt sich, dass Christian Krafts Kaltschnäuzigkeit selbst vor der Deutschen Bank nicht Halt macht, bei der er, wie Max Egon, inzwischen einige Dutzend Millionen Schulden hat. Anlass des Zerwürfnisses ist diesmal sein Wunsch, den erfolgreichen Generaldirektor der Hohenlohe-Werke AG, Fritz Lob, vor die Tür zu setzen. Schon bei seinem Dienstbeginn Jahre zuvor war Lob beim Fürsten in Ungnade gefallen, weil er es gewagt hatte, Christian Kraft zu erläutern, dass er auch einem Großaktionär wie ihm keine anderen Kompetenzen zuerkenne als die, die sich aus dem Handelsgesetzbuch ergeben.[113] Lobs rentierliche Arbeit, die Christian Kraft über die Jahre hohe Dividenden seines 80-Millionen-Unternehmens bescherte, hatte ihn wohl wieder mit dem Generaldirektor versöhnt. Dann aber kamen die Reichstagswahlen im Januar 1912 heran und es zeigte sich, dass Christian Kraft und sein Generaldirektor zwar dieselbe Partei – die »Hüttenpartei« oberschlesischer Großindustrieller –, aber zwei verschiedene Kandidaten präferierten. Kurz vor der Wahl bekam Lob Post von der Domänendirektion Slawentzitz: »Seine Durchlaucht der Fürst ist mit der Stellungnahme des Herrn Generaldirektors Lob in den Wahlsachen des Kreises Kattowitz-Zabrze nicht einverstanden. Er würde den Kandidaten, Herrn Bergrat Williger, ermächtigen, bekanntzugeben, daß Herr Lob nur seine persönliche Ansicht vertritt, ohne mit dem Fürsten, als Großaktionär, vorher Fühlung genommen zu haben. Herr Generaldirektor Linke läßt dieses Herrn Generaldirektor Lob schleunigst mitteilen, um ihm Gelegenheit zu geben, seine Stellung noch zu korrigieren. Domänendirektion Slawentzitz«.[114] Die Korrektur aber blieb aus, und Lob nahm am folgenden Tag die nächste Mahnung entgegen, diesmal von einem Mitglied des Aufsichtsrats der Hohenlohe AG: »Sehr geehrter Herr Kollege! Heute Abend erhielt ich ein Telegramm seiner Durchlaucht des Fürsten, worin Hochderselbe mitteilt, daß er eine Beeinflussung der bei den Hohenlohe-Werken in Tätigkeit stehenden Personen zugunsten der Wahl von Sachs gegen Williger nicht billigen würde, und daß es sein Wunsch sei, die Beamten der Hohenlohe-Werke möchten hiervon Kenntnis erhalten.«[115] Mit anderen Worten: Die Beeinflussung der Wähler ist ein Privileg des Fürsten. Lob beugte sich der fürstlichen Weisung auch weiterhin nicht, und vierzehn Tage später fasste der Aufsichtsrat der Hohenlohe-Werke AG den Beschluss: »Dem Herrn Generaldirektor wird wegen seines Verhaltens bei der letzten Reichstagswahl die Mißbilligung des Aufsichtsrats ausgesprochen.«[116] Anfang März 1912 erhält Generaldirektor Lob die Kündigung.

Vorausgegangen sind schwere Auseinandersetzungen im Aufsichtsrat, vor allem Carl Klönne von der Deutschen Bank hat sich dem Rauswurf widersetzt. Wie seinerzeit Carl Fürstenberg verlässt auch Klönne den Aufsichtsrat unter Protest. Christian Kraft schlägt mit einem öffentlichen »Kommuniqué« des Aufsichtsrats zurück, das sowohl Lob als auch Klönne brüskiert. Lob wird vorgeworfen, für erhebliche »Schädigungen der Gesellschaft« verantwortlich zu sein, Klönne wird unterstellt, dass er »aus Gründen der Opportunität« Lobs Schädigungen nicht habe ahnden wollen.[117] Worauf sich der Vorwurf der »Opportunität« bezieht, ist nicht klar, sicher ist nur, dass Klönne öffentlich beleidigt werden soll. Die Vorwürfe gegen Lob hingegen werden in der Erklärung konkretisiert. Er soll unter anderem »ohne Ermächtigung des Aufsichtsrats bei Ausstattung und Unterhaltung seiner Dienstwohnung und Gartens auf Kosten der Gesellschaft einen jedes Maß überschreitenden Aufwand getrieben« haben: »Die Ausgaben hierfür haben sich auf rund 1,2 Millionen Mark belaufen.«[118] In einer öffentlichen Erwiderung rechtfertigt Lob die Ausgaben damit, dass in der Summe die »Anschaffungen der Dienstautomobile«, der Gespanne und die Einrichtung eines Gesindehauses enthalten seien, vor allem umfassten die gerügten Kosten einen Zeitraum von sechs Jahren, und sie seien vom Aufsichtsrat alljährlich genehmigt worden.

Hier liege, urteilt die Frankfurter Zeitung, ein »Machtanspruch des Großaktionärs« vor, »der unter Hintansetzung der Interessen und der Auffassung aller anderen Aktionäre den ihm nicht mehr genehmen Leiter der Hohenlohe-Werke beseitigte«.[119] Die Unzufriedenheit mit Lob müsse, spottet die Berliner Börsenzeitung, »übrigens erst neueren Datums sein«. Denn in einer Erklärung vom 26. Januar habe die Verwaltung der Hohenlohe-Werke AG mitgeteilt, dass Lobs Vertrag »noch 7 Jahre laufe«. Fritz Lob gibt sich mit einer Abfindung von 900 000 Mark zufrieden, kauft Aktien der Hohenlohe-Werke AG und »stänkerte in den Generalversammlungen seinen früheren Aufsichtsrat an«.[120] Der Abgang Klönnes wird in der Öffentlichkeit mit Verständnis aufgenommen. Die Deutsche Bank sei es ihrer Stellung schuldig, nicht gegenüber dem »drückenden, auf Aktienbesitz gegründeten Einfluß des Fürsten Hohenlohe die untergeordnete Stellung eines Mitläufers und einflußlosen Protestlers zu spielen«.[121] Es sei klar, dass sich die Deutsche Bank »früher oder später« vom Fürstentrust und von den Fürsten lösen werde, natürlich nicht, solange die Bank noch Millionen zurückzufordern habe.

Das betrifft auch Max Egon persönlich. Nachdem die Deutsche Bank für die Sanierung der Berliner Terrain- und Baugesellschaft zwölf Millionen Mark gezahlt hat, verliert sie mit ihrem kaltblütigsten Schuldner allmählich die Geduld. Sie beklagt sich im Frühjahr 1912 beim Kaiser über die hartnäckige Zahlungsunwilligkeit seines Freundes. Max Egon schulde der Bank inzwischen 22 Millionen Mark, »von denen er noch nicht eine Mark Zinsen zurückgezahlt hat«. Der Kaiser möge Max Egon bewegen, »doch endlich einmal an das Zinsenzahlen zu denken, da sonst sein Konto mit Zins auf Zinseszins in einigen Jahren auf 40 Millionen auflaufen werde«. Wilhelm reagiert schnell und weist in einem Telegramm den deutschen Botschafter in Wien, Heinrich von Tschirschky an, Max Egon auszurichten, dass er seine Lebenshaltung drastisch einschränken müsse. Wilhelm geht von einer jährlichen »Revenue« (Einnahmen) in Höhe von drei Millionen Mark aus: »1 Million jährlich ist unbedingt nötig zum Zahlen seiner Schuldenzinsen an die Deutsche Bank, daher muss er seinen Lebensverbrauch auf 2 Millionen Mark pro Jahr zusammenstreichen. Statt 5 Hofhaltungen, Prag, Wien, Heiligenberg, Lana, Donaueschingen muß er auf z. B. Wien, Lana, Donaueschingen sich beschränken, seine Jagden in Galizien aufgeben pp.« Tschirschky möge Max Egon ausrichten, dass »ein Mann, der in der Handelswelt als mit solchen Schulden belastet bekannt ist, *ohne sie zu verzinsen*, in dulci jubilo dahinlebt, nicht auf Dauer als solide gelten kann«. Sollten die Zeitungen im Übrigen Falsches über Max Egon berichten, gebe er ihm den Rat, »gegen die Schweinefleischhunde« in der Presse vorzugehen: »Sein finanzielles Renommée ist gefährdet.«[122] Tatsächlich ist es sogar schon ruiniert, und weder in Max Egons Fall noch im Fall Christian Krafts ist das die Schuld der Presse.

Zu allem Überfluss ist in diesen Monaten auch noch Christian Krafts Ruf als Sportsmann unverhofft bedroht. Im Juli 1911 ist ihm mit dem Sieg des vierjährigen Hengstes Icy Wind ein schöner Erfolg beim Großen Preis von Berlin in Grunewald gelungen. Elf Jahre hat er – nach dem Triumph mit Xemate 1900 – darauf gewartet. Doch wird nur wenige Monate später der österreichische Jockeyclub vom ersten Doping-Skandal seiner Geschichte erschüttert und unter anderem dem in der Welt des Reitsports berühmten englischen Trainer Charles Planner die Lizenz entzogen: »Diese Maßregel ist das Ergebnis einer seit längerer Zeit im geheimen durchgeführten Untersuchung, welche dadurch veranlaßt wurde, daß die mit den von Planner trainierten Pferden erzielten Wettrennresultate in argem Mißverhältnis zu den früheren Leistungen der betreffenden Pferde standen. Die Untersuchung ergab, dass Planner seine Pferde vor den großen Rennen ›gedoppt‹ hatte (darunter versteht man die aufreizende Behandlung der Pferde mit verbotenen Mitteln) und so fast alle großen Preise davontrug.«[123] Planners Reitstall in der Nähe Budapests ist in der Fachwelt als der »Fürstenstall«[124] bekannt, weil er die Pferde eines Grafen und zweier Fürsten in Obhut hat, darunter jene Christian Krafts. Der Trainer hat nach dem Entzug der Lizenz in Österreich nichts mehr zu verlieren, anders als in Deutschland, wo er nach seiner rapiden Übersiedlung »einen förmlichen Triumphzug mit seinen Pferden feiert«[125] und später dreimal in Folge (1917, 1918, 1919) den Großen Preis von Berlin gewinnen wird.

Zwar wird allgemein versichert, Christian Kraft und die anderen Kunden des »Fürstenstalls« seien selbstverständlich »über jede Kritik erhabene Patrone«.[126] Als aber Christian Kraft einige Monate nach dem Skandal sein Pferd Landluft laufen lässt, werden die Leser von ihren Zeitungen daran erinnert, dass die Stute zwar in früheren Jahren einige Rennen gewonnen habe: »Aber sie stand eben im Unglücksstall Charles Planner, wo schon viel Pferde krank geworden sind oder ihre Form plötzlich ganz erschreckend geändert haben.«[127] Das Formtief hat nach dem Verschwinden Planners auch Landluft erfasst, sehr zum Verdruss der Wettspieler: »Landluft [...] hat auch zum großen Debacle der Spieler in diesem Rennjahr stark beigetragen.«[128]

Noch rollt die Kugel in der Berliner Dorotheenstraße. Noch ruft Chef-Croupier Ernst Hofmann täglich das »Faites vos jeux!«, und an seinem Spieltisch verschwinden immer schneller die fürstlichen Millionen. Noch schaffen es Max Egon und Christian Kraft, die immer höheren Einsätze heranzuschleppen, die Hofmann mit jeder neuen Runde von ihnen verlangt. Die 40 Millionen Mark Obligationen, deren Ausgabe Christian Kraft gegen den Widerstand der Minorität im Aufsichtsrat der Hohenlohe-Werke AG durchgesetzt hat, sollen angeblich zur Aufschließung neuer Kohlengruben verwendet werden, tatsächlich aber werden sie dringend benötigt, wie ein Mitglied des Aufsichtsrats einräumt, um »alte Schulden abzutragen«.[129]

Sie spielen nicht nur, sie tanzen auch und werden in den Salonblättern gefeiert. Im November 1912 heiratet die ältere Tochter Max

Egons, Leontine (genannt Lotti), die ein Jahr zuvor auf einer aristokratischen Wohltätigkeitsveranstaltung im Schloss Schönbrunn als »entzückendes Kostümbild« einer »Alt-Wiener-Porzellanfigur« im Tanzpoem »Nippes«[130] beeindruckt hatte und nun in der Stadtkirche von Donaueschingen Prinz Dr. Hugo Vinzenz von Windisch-Graetz unter den Augen Kaiser Wilhelms die Hand reicht. In den ersten Tagen des Jahres 1913 meldet das Wiener Salonblatt, unter den Gästen eines Balls des Herzogs und der Herzogin von Ratibor im Berliner Hotel Esplande seien Max Egon und Christian Kraft gesichtet worden, und in derselben Ausgabe, Kaiser Wilhelm habe zusammen mit Fürst Max Egon in Berlin eine Vorstellung der Wagner-Oper *Der fliegende Holländer* besucht.[131] Im März feiert Sport und Salon Christian Kraft für seine Gabe an die Trophäenausstellung des Österreichischen Jagdklubs, einen veritablen Achtzehnender, »dem an Form vielleicht schönsten Hirsch in diesem Saal«,[132] und würdigt in der Nachbarspalte Max Egons Präsenz bei der außerordentlichen Generalversammlung des k. k. Österreichischen Automobilklubs.

Zufall oder Absicht: Im Mai fallen zwei Familienfeste Max Egons und Wilhelms fast zusammen. Die jüngere Tochter Max Egons, Anna (genannt Netti), verlobt sich, und im Berliner Schloss wird wenige Tage später mit allem Pomp die Hochzeit von Prinzessin Viktoria Luise von Preußen, einzige Tochter und jüngstes Kind des Kaisers, mit Prinz Ernst August Herzog zu Braunschweig und Lüneburg gefeiert. Der europäische Hochadel gibt sich zu seiner letzten Party die Ehre, ehe er sich ein Jahr später in den Abgrund stürzen wird. Zar Nikolaus II. und King George lachen gemeinsam in die Kameras, festliche Tafel im Weißen Saal, am Abend gibt Kaiser Wilhelm Obermarschall Max Egon den Befehl zum Fackeltanz – Highlife im Abendlicht. Wer nur die Nachrichten der Klatschpresse der ersten Hälfte des Jahres 1913 liest, könnte glauben, das Leben Max Egons und Christian Krafts sei eine einzige Ballnacht. Aber nichts währt für immer, wie auch die Freunde des *Fliegenden Holländers* wissen: »Tag des Gerichtes! Jüngster Tag! / Wann brichst du an in meiner Nacht? / Wann dröhnt er, der Vernichtungsschlag, / mit dem die Welt zusammenkracht?«

Im späten Frühjahr 1913 macht Graf Hugo von Hermersberg, der jüngste Bruder Christian Krafts, Bankrott. Das ist für alle, die ihn kennen, keine Überraschung. Die Kompetenz des Aufsichtsrats der Palästina-Bank und der Hohenlohe-Werke AG liegt auf dem Gebiet des Reitsports, Finanzfragen beantwortet er so sorglos wie Ernst Hofmann. Er liebt das Geld, aber die Liebe bleibt zeit seines Lebens unerwidert. Schon als er vor Jahren in den Vereinigten Staaten als Volontär in den Dienst einer Bank getreten war, hatten manche vermutet, er interessiere sich nicht für die Bank, sondern für eine Milliardärin, deren Geld er heiraten könne. Nachdem dieser Plan gescheitert war, hatte er seine Brautschau nach Großbritannien verlagert und einen Herrn Pokorny gebeten, ihn in London in die vornehmste Gesellschaft einzuführen. Graf Hugo hatte sich verpflichtet, 80 000 Mark Honorar zu zahlen, war jedoch einen großen Teil der Summe schuldig geblieben und von einem englischen Gericht zur Zahlung verurteilt worden.[133] Auf das Geld wartet Pokorny im Frühjahr 1913 noch immer, er wird es – obwohl er nun auch in Berlin gegen Graf Hugo prozessiert – niemals erhalten. Die Frau, die Graf Hugo schließlich geheiratet hatte, die Zirkusreiterin Helga Hager, hatte zwar 500 000 Mark Mitgift in die Ehe gebracht, und von seiner Mutter, Fürstin Pauline, geborene Prinzessin zu Fürstenberg, hatte er 300 000 Mark geerbt. Aber wie der Konkursverwalter in der Gläubigerversammlung vor dem Amtsgericht Charlottenburg versichert, ist das gesamte Vermögen »durch fehlgeschlagene geschäftliche Operationen verschlungen worden«. Offenbar sei Graf Hugo auch Wucherern in die Hände gefallen, wodurch »sich seine Schuldenlast in den letzten Jahren ganz bedeutend vermehrt habe«.[134] Sie beläuft sich auf 4 720 500 Mark, dem steht ein Vermögen von 34 204 Mark gegenüber. Angesichts dieser Lage könne er, der Konkursverwalter, den Gläubigern nicht viel Hoffnung machen. Ein Gläubiger, der eine Forderung von 28 000 Mark angemeldet habe, sei bereits auf 3000 Mark herabgegangen. Sehr viel mehr werde auch nicht der größte Gläubiger erhalten – Graf Hugo schuldet seinem Bruder Christian Kraft zwei Millionen Mark. Er muss die Aufsichtsräte der Palästina-Bank und der Hohenlohe-Werke AG verlassen.

Aber der Konkurs Graf Hugo von Hermersbergs interessiert die Öffentlichkeit nicht mehr, die meisten Zeitungen bringen nur kurze Notizen auf den Lokalseiten. Weiter vorne, in großer Aufmachung und häufig mit mokantem Unterton berichten sie über den »Vernichtungsschlag«, den der Fürstentrust im Sommer 1913 empfängt.

Rien ne va plus. Der Fürstentrust ist am Ende. Fünf Jahre haben die Fürsten und Ernst Hofmann benötigt, um die gewaltigste Vermögensmasse zu vernichten, mit der im Wilhelminischen Kaiserreich jemals spekuliert wurde. Im Juli 1913 belaufen sich die Verluste des Fürstentrusts auf mehr als 60 Millionen Mark – nicht eingerechnet die Kredite der Deutschen Bank: »Von allen Seiten drängten Prozesse, in der Öffentlichkeit hagelten die Angriffe, überall waren die Fürsten durch Bürgschaften und Verpflichtungen gebunden, und außerdem saßen sie auf riesenhaften Paketen der Aktien und Obligationen ihrer eigenen Konzerngesellschaften, deren Wert täglich fragwürdiger wurde.«[135]

Christian Kraft ist am Boden. Die Not ist so groß, dass er seine Lebenspassion, die Jagd in Slawentzitz, aufgeben muss. Axel von Varnbüler, württembergischer Gesandter in Berlin, gab seiner Schwester, Baronin Spitzemberg, einen dramatischen Bericht vom letzten Halali: »Axel war acht Tage auf Jagd beim Herzoge von Ujest und Ratibors [sic], tief ergriffen vom letzten Akte einer Tragödie, den er erlebte. Bei dem Zusammenbruche des ›Fürstenkonzerns‹ hat Christian Kraft so viel verloren, daß er sich aufs äußerste einschränken muß, seinen Hofhalt in Slawentzitz vollständig auflöst und hofft, in Ungarn sich ein kleines Anwesen aufrechtzuerhalten. Ganz bewußt hat er seine Freunde zum letzten Male eingeladen und rührend von ihnen als Jagdherr Abschied genommen. Nun wird alles abgeschossen, die Jägerei entlassen, Hunderte dabei in Not versetzt«.[136]

Ernst Hofmann hat in der Dorotheenstraße ausgespielt und wird vor die Tür gesetzt. Von folgenden zivil- oder strafrechtlichen Prozessen gegen ihn ist nichts bekannt. Vermutlich könnte ihn der Arm der Justiz, wie Hofmann schon Jahre zuvor angekündigt hatte, ohnehin nicht erreichen, hat er doch seinen Wohnsitz in Funchal auf Madeira niemals aufgegeben. Sein Abgang findet – verblüffend angesichts der Verwüstung, die er über Jahre unter den Augen der Öffentlichkeit in der deutschen Wirtschaft angerichtet hat – in der Presse kaum Beachtung. Georg Bernhard, der Herausgeber der Wirtschaftszeitung Plutus, ist einer der wenigen, der die Kündigung bissig kommentiert: »Es heißt, daß Herr Hofmann heute ein armer Teufel sei, der von den Gunstgroschen lebt, die trotz allem der Fürst ihm noch zuwendet. Wenn das der Fall ist und er wirklich nicht in seine Tasche gearbeitet hat, so kann man es bei Hofmann nur mit einem größenwahnsinnigen Psychopathen zu tun haben. Denn die sinnlosen Verschachtelungen des Fürstentrusts, die Schiebungen zwischen den Tochter- und Enkelgesellschaften der Handelsvereinigung sind nur so zu erklären. Wie konnte der Fürst Hohenlohe diesem Manne dauernd sein Vertrauen bewahren?«[137]

Für Ernst Hofmann erscheint Arthur von Gwinner, der Chef der Deutschen Bank. Kaiser Wilhelm hat es so befohlen.

ENDSPIEL

Niemand ist unsterblich, aber wer als unentbehrlich gilt, der hat – zumindest in Politik und Wirtschaft – eine höhere Lebenserwartung. Nur deshalb ist Christian Kraft im Jahr 1913 Herr von Slawentzitz, das er jetzt zu verlieren droht. Denn sein Vater, Hugo Fürst zu Hohenlohe-Öhringen, Herzog von Ujest, war nicht nur Montanmagnat, Politiker und General, er war auch Spekulant, der im berühmtesten Skandal der Bismarck-Ära versunken wäre, hätte nicht Kaiser Wilhelm I., der Großvater Wilhelms II., geglaubt, dass Hugo bei Hofe unentbehrlich sei. An Zeichen der Anerkennung hatte es Wilhelm ohnehin nicht fehlen lassen – anlässlich seiner Krönung zum König von Preußen hatte er Fürst Hugo im Oktober 1861 die preußische Herzogswürde verliehen. Aber der Aufstieg, den ihm Wilhelm als König verschaffte hatte, war nichts im Vergleich mit dem Untergang, vor dem ihn Wilhelm als Kaiser zehn Jahre später bewahrte.

Der Zusammenbruch des sogenannten Eisenbahnkönigs Bethel Henry Strousberg hat damals viele mit sich gerissen, Hugo und einige wenige Standesgenossen jedoch waren verschont geblieben. Strousberg, eigentlich Baruch Hirsch Straußberg, stammte aus einer jüdischen Familie, war als junger Mann konvertiert, hatte einige Jahre in England als Journalist und Versicherungsagent gearbeitet und es damit zu einem kleinen Vermögen gebracht. 1863 war er nach Berlin zurückgekehrt und hatte zuerst für englische Gesellschaften, dann in eigener Regie Eisenbahnen gebaut, zunächst in Ostpreußen, später auch im Ausland – insgesamt mehr als 2500 Kilometer.

Neuartig und eigenwillig war seine Methode zur Finanzierung und Ausführung der Bauvorhaben. Aktiengesellschaften waren gesetzlich verpflichtet, ihre Aktien nur zum vollen Nennbetrag, also zum Kurs von hundert Prozent zum Verkauf anzubieten. Das hätte Strousbergs Projekte verhindert, denn niemand hätte seine Aktien zu diesem Kurs gekauft, solange seine Gesellschaft nur Pläne für eine Eisenbahn, aber keine realen Werte vorzuweisen hatte. Strousberg wusste sich zu helfen. Die Aktiengesellschaft tat sich mit einem »Generalunternehmer« zusammen, der zwei Funktionen zu erfüllen hatte. Erstens musste er die Eisenbahn komplett liefern, also inklusive Schienenweg, Signalanlagen, Brücken, Lokomotiven, Waggons, Bahnhöfen; zweitens hatte er das Kapital für den Bau zu beschaffen. Dazu bezahlte ihn die Aktiengesellschaft »in Aktien«, indem sie für jedes »Teilstück«, das er lieferte – zum Beispiel für ein paar Kilometer Schienenweg, einige Waggons –, Aktien mit einem Nennwert in gleicher Höhe wie die für jede Teillieferung vereinbarten Preise übergab. Der Unternehmer verkaufte dann die Aktien dem Publikum zu Kursen unter hundert Prozent. Das nämlich war nur der Aktiengesellschaft, nicht aber dem Unternehmer verboten.

Der Clou bestand darin, dass das Aktienkapital höher als die tatsächlichen Baukosten angesetzt wurde.[1] Das »System Strousberg« war eine offenkundige Umgehung des Gesetzes, aber das preußische Handelsministerium hatte es stillschweigend gebilligt – Preußen brauchte Eisenbahnen. So war unter anderem in Oberschlesien die Rechte Oderuferbahn entstanden, eine Kooperation Strousbergs mit einheimischen Magnaten, die leistungsfähige Transportmöglichkeiten für die in ihren Bergwerken geförderte Kohle wünschten.[2]

Auch Fürst Hugo zu Hohenlohe-Öhringen und Herzog Viktor von Ratibor hatten sich daran beteiligt, waren also schon mit den Geschäftsmethoden Strousbergs vertraut, als sie für sein ambitioniertestes Projekt Ende der 1860er Jahre persönliche Bürgschaften übernahmen und sich dadurch in die »unglaublichen Machenschaften«[3] Strousbergs hineinziehen ließen. In Rumänien, damals erst auf dem Weg in die Unabhängigkeit, regierten die Türkei, Österreich-Ungarn, England und Preußen hinein, Letzteres dadurch aus überlegener Position, dass der soeben in Bukarest installierte König Carol I. von Rumänien ein Spross des Hauses Hohenzollern-Sigmaringen war. Strousberg hatte die Konzession für den Bau von vier Bahnlinien erhalten. Die Korruption, auf die er in Rumänien stieß, hatte er mit Korruption zu bekämpfen versucht, Schlamperei mit Schlamperei beantwortet. Dann kam der deutsch-französische Krieg, die Arbeiter wurden Soldaten, Lieferungen stockten, Termine platzten, die Aktienkurse stürzten. Das System Strousberg brach zusammen. 1870/71 stand Fürst Hugo zu Hohenlohe-Öhringen vor dem Bankrott. Kaiser Wilhelm beauftragte den Bankier des Reichskanzlers Bismarck, Gerson von Bleichröder, zusammen mit dem Bankier Adolph von Hansemann, das deutsche Kapital zu retten: »Bleichröder hatte harte Arbeit zu leisten, die preußische Nobilität aus den unvorhergesehenen Konsequenzen ihres kapitalistischen Appetits zu befreien.«[4]

Der französische Botschafter in Berlin, Charles Comte de St. Vallier, hat Bismarcks Darstellung notiert, warum Fürst Hugo, Herzog Viktor von Ratibor und General Heinrich Graf von Lehndorff-Steinort – drei Vertraute Wilhelms – von Bleichröder gerettet wurden, alle anderen hingegen nicht: »Sie wissen von der Strousberg-Affäre; sie wissen, wie deutsches Kapital geschröpft wurde; nahezu 200 Millionen francs haben diese rumänischen Eisenbahnen geschluckt, die nichts einbringen und deren Wert sich kaum auf ein Zehntel der Kosten beläuft; unsere größten Magnaten und unsere Stiefelputzer glaubten, dass Strousberg ihnen eine Goldmine präsentieren würde, und eine Menge Leute riskierten den größeren Teil ihres Besitzes, weil sie sich auf die Versprechungen dieses Abenteurers verließen. Das alles liegt nun im rumänischen Dreck begraben, und eines schönen Tags sahen sich alle möglichen Leute ruiniert: zwei Herzöge, ein Generaladjutant, ein halbes Dutzend Hofdamen, zweimal so viel Kammerherren, hundert Kaffeehausbesitzer und alle Droschkenkutscher von Berlin. Der Kaiser hatte Mitleid mit den Herzögen, dem Adjutanten, den Hofdamen und den Kammerherren und beauftragte mich, sie aus dem Schlamassel herauszuziehen. Ich wandte mich an Bleichröder, der unter der Bedingung, einen Adelstitel verliehen zu bekommen, den er als Jude schätzte, seine Zustimmung gab, den Herzog von Ratibor, den Herzog von Ujest und den General Graf Lehndorf [sic] zu retten; zwei Herzöge und ein Generaladjutant gerettet – das ist es wahrhaftig wert, dem guten Bleichröder das ›von‹ zu schenken. Aber die Hofdamen, die Droschkenkutscher und die anderen ließ man ertrinken und nicht einmal Bleichröders drei Große, die er aus dem Wasser gezogen hat, sind gänzlich gerettet, sondern sie müssen sich jedes Jahr auf ein hübsches Gerichtsverfahren gefasst machen, in dem sie zu zwei oder drei Millionen Mark verurteilt werden, die sie nicht zahlen können, weil ihre Güter Ratibor, Ujest etc. im Tausch für Bleichröders Garantien zugedeckt sind.«[5]

Doch hat sich die »hohe Gunst«,[6] in der Fürst Hugo bei Kaiser Wilhelm I. stand, am Ende für ihn bezahlt gemacht. 1875 erwarb er aus Strousbergs Konkursmasse sogar dessen mit raffiniertestem Luxus ausgestattetes Palais in der Wilhelmstraße und verkaufte es einige Jahre später an Großbritannien, das seine Berliner Botschaft darin unterbrachte (die heutige Botschaft steht an derselben Stelle). Zwei Jahre später starb Fürst Hugo als reicher Mann.

Christian Kraft hat von seinem Vater zwar die Titel und das beträchtliche Vermögen geerbt, nicht aber den Einfluss am Berliner Hof. Er ist kein besonderer Günstling Wilhelms, schon gar nicht gilt er ihm als unentbehrlich. Als Wilhelm den erfahrenen Bankier Carl Fürstenberg zu sich rief, tat er es daher nicht um Christian Krafts willen, sondern um »dem Fürsten Fürstenberg aus der gefährlichen Lage, in die er sich hineinbegeben habe, wieder herauszuhelfen«.[7]

Natürlich wusste Wilhelm, dass sein Freund Max Egon nur gerettet werden konnte, wenn der Fürstentrust vor dem Bankrott bewahrt wurde. Dafür war der Bankier tatsächlich bestens qualifiziert: Carl Fürstenberg hatte den Zusammenbruch Strousbergs und die Rettung von Christian Krafts Vater vier Jahrzehnte zuvor als junger Bankier im Bankhaus Bleichröder nicht nur miterlebt. Die überaus komplizierte und »umfangreiche« Abwicklung des Unternehmens war sein erstes Finanzgeschäft, an dem er hatte mitwirken dürfen.[8]

Diese Erfahrung, seine intime Kenntnis der Hohenlohe-Werke AG und sein herausragender Ruf in der Bankenwelt machten Fürstenberg zum geeigneten Mann, den Fürstentrust vor dem Ruin zu retten. »Aber dieser Auffassung trat ich sofort entgegen.«[9] Im Gespräch im Arbeitszimmer Wilhelms lehnt Fürstenberg den Auftrag rundheraus ab: »Die ganze Sachlage sei unendlich verfahren, die Zusammenhänge schwer übersichtlich.« Wer als Fremder im Fürstentrust aufräumen wolle, »müsse sofort den vollen Widerstand aller an den bisherigen Verwicklungen beteiligten Kreise auf den Plan rufen«,[10] an erster Stelle Christian Kraft und Max Egon. Er gelingt Fürstenberg, den Kaiser davon zu überzeugen, dass es aussichtsreicher sei, einen anderen Bankier heranzuziehen. Wilhelm habe ihn mit den Worten entlassen, er sei »sein klügster Bankdirektor«, er habe erwidert, »daß dies ein wenig freundliches Urteil über meine Kollegen darstelle«. Unmittelbar nach der Unterredung befiehlt Wilhelm Arthur von Gwinner zur Audienz.

Dass Wilhelm nur daran gelegen ist, seinen Freund Max Egon vor dem Schlimmsten zu bewahren, bestätigt ein Bericht des österreichisch-ungarischen Botschafters in Berlin: »Dass die Mitglieder des Fürstentrusts sich überhaupt noch in dieser Weise vor dem vollkommenen Ruin retten konnten, verdanken sie eigentlich vor allem der Initiative Seiner Majestät Kaiser Wilhelms, der, um Seinen Freund den Fürsten Fürstenberg zu retten, den Director der Deutschen Bank Herrn von Gwinner zu Sich kommen liess und ihm den Auftrag erteilte, die Angelegenheit der Liquidierung des Fürstentrusts in die Hand zu nehmen und für die fürstlichen Partner so viel zu retten, als überhaupt zu retten ist.«[11] Die Anweisung von allerhöchster Stelle erwähnt die Deutsche Bank öffentlich mit keinem Wort, vielmehr beteuert sie, aus eigenem Entschluss und zum Nutzen aller tätig zu werden, um »dem gesamten deutschen Markte eine schwere Erschütterung«[12] zu ersparen. Und alle glauben ihr.

Artur Lauinger, Redakteur der Frankfurter Zeitung, versichert seinen Lesern vermutlich gutgläubig im Jahr 1913: »Die Deutsche Bank, die mit an der Spitze der Finanzwelt steht, griff ein, nicht um die Fürsten aus ihren Kalamitäten zu retten – sie stellte sich vor den Fürstenkonzern, bot ihm ihre Hilfe, um einen Niederbruch zu vermeiden, der in einer Periode rückläufiger Konjunktur, in einer Zeit schärfster Kreditanspannung eine Katastrophe gewesen wäre, die nur zu leicht den Anstoß zu allgemeinen schweren Rückschlägen hätte geben können.«[13] Selbst der sozialdemokratische Journalist Kurt Heinig schreibt, wenn auch deutlich skeptischer, in seiner Polemik über »Die Finanzskandale des Kaiserreichs« noch im Jahr 1925: »Sicher hat die ›Deutsche Bank‹ nicht nur aus allgemeiner Menschenfreundlichkeit gehandelt. Der Zusammenbruch des Fürstenkonzerns hätte nicht nur die deutsche Wirtschaft, sondern auch die ›Deutsche Bank‹ in Mitleidenschaft gezogen.«[14] Immerhin räumt Heinig ein, dass wohl auch »der Wunsch des Kaisers in gewissem Umfange« eine Rolle gespielt habe. Der Grund, weshalb die entscheidende Initiative Wilhelms in der Öffentlichkeit gar nicht oder nur am Rande erwähnt wird, liegt auf der Hand. Zwar ist die Freundschaft zwischen Wilhelm und Max Egon allgemein bekannt, aber ihre Busenfreundschaft ist nur am Hof Gespräch.

Max Egon ist Wilhelm in mehrfacher Hinsicht unersetzlich. Der deutsch-österreichische Fürst ist für den deutschen Kaiser die einzige Vertrauensperson, vor der er keine privaten, militärischen oder politischen Geheimnisse hat. Das wird in Berlin mit Argwohn verfolgt,

Pos:		EUR

EUR

Gegeben Bar
Zurück Bar

– Mehrwertsteuerausweis – NETTOBETRAG 20,56
MWST ST-BETRAG
7 % 1,44

MWKZ
(E)

Es bediente Sie Ihr Bücher-Pustet Team
Datum 17.03.2017 Zeit 15:03:43

Vielen Dank für Ihren Besuch!
Umtausch ist nur gegen Vorlage
des Kassenbons möglich.

BUCHHANDLUNG
2013/14
Buch Markt
DES JAHRES

BÜCHER PUSTET.

in Wien stößt es auf Verwunderung. Der gestürzte Reichskanzler Bülow erinnert sich, ein anderer österreichischer Fürst habe ihm die Äußerung des österreichischen Kaisers Franz Josef über Max Egon zugetragen: »Ich kann mich nicht genug darüber wundern, dass der Deutsche Kaiser ein solches Wesen aus dem Max Fürstenberg macht, der doch gar nichts gelernt hat und dem jeder Ernst fehlt. Warum er sich nur den Max Fürstenberg zu seinem Spezi ausgesucht hat? Nun, mir kann es recht sein.«[15]

Wilhelm hat in Max Egon aber nicht nur einen »Spezi« gefunden, sondern den idealen Kontaktmann für Wien. Alle Versuche des Deutschen Reichs, der Festlegung auf den Zweibund von 1879 mit Österreich-Ungarn zu entkommen und neue Partner zu gewinnen, sind gescheitert. Je aussichtsloser die Versuche sind, desto wichtiger ist die Stärkung des Zweibunds. Das ist eine diplomatische Herausforderung, der sich Max Egon jederzeit gewachsen zeigt. Er ist in der Welt des spanischen Hofzeremoniells in Wien zuhause, einem System komplizierter Codes, das nur beherrscht, wer wie Max Egon in ihm aufgewachsen ist. Der böhmisch-schwäbische Fürst ist nicht nur ein charmanter Höfling, der sich ebenso auf Anpassung wie auf Diskretion versteht, er ist auch ein politischer Kopf, und als hochbegabter Netzwerker fällt es ihm leicht, seine Mitgliedschaften in den Herrenhäusern in Baden, Württemberg, Preußen und Österreich-Ungarn für seine Zwecke zu nutzen.

Für Wilhelm wird er damit nicht nur zum perfekten Informanten, der ihn über alle Vorgänge im Haus Habsburg auf dem Laufenden hält, der deutsche Kaiser benutzt ihn auch, um direkt auf die österreichische Politik Einfluss zu nehmen. Als Wilhelm – gedrängt von Admiral von Tirpitz – das Flottenbauprogramm verschärfte und das Deutsche Reich den ebenso aussichtslosen wie ruinösen Rüstungswettlauf mit Großbritannien eskalieren ließ, hatte Wilhelm seinem Freund den Auftrag erteilt, er solle »nach Möglichkeit wirken, daß endlich die Armee in Österreich in Ordnung komme«.[16] Zwar hatte sich Max Egon bei seiner Frau über die Ansprüche Wilhelms beschwert (»Na – es wird schon irgendwie gehen!«), aber zusammen mit Erzherzog Franz Ferdinand in der folgenden Zeit den Ausbau der österreichischen Marine kräftig unterstützt und wenige Jahre später Erfolg gemeldet: »1911 sorgte er dafür, dass es zu einer Begegnung deutscher und österreichischer Geschwader auf hoher See kam.«[17] Und selbst im Juni 1913, mitten im beginnenden Zusammenbruch des Fürstentrusts, begrüßt er als Präsident des Zentralkomitees der österreichischen Luftflotte Kaiser Franz Josef zum österreichischen Luftflottentag: »Der Kaiser folgte den Flügen mit größter Aufmerksamkeit und zeigte sich sehr informiert.«[18] So hat sich das Wilhelm vorgestellt.

Was Wilhelm nicht weiß oder zumindest ignoriert: Max Egon hat noch einen zweiten Auftraggeber – das Haus Habsburg. Zwar ist er sowohl deutscher als auch österreichischer Standesherr, aber nach Herkunft, Erziehung, Tradition und politischer Loyalität ist er dem Wiener Hof verbunden. Und in dessen Interesse liegt nicht nur die Stärkung des Bundes zwischen Österreich und Deutschland, sondern auch die Verhinderung von Koalitionen Deutschlands mit anderen Partnern, insbesondere England.[19] Natürlich hätte er Wilhelm bei dessen Gespräch mit dem britischen Oberst Stuart Wortley auf Highcliffe Castle vor unvorsichtigen Äußerungen warnen und den erheblichen außenpolitischen Schaden, den Wilhelm mit dem Daily-Telegraph-Interview angerichtet hat, möglicherweise abwenden können. Doch hatte er das nicht getan, stellte sich nun aber in Donaueschingen in illustrer Runde als engster Freund Wilhelms zur Verfügung.

Die Gesellschaft, die jedes Jahr im Herbst im Schloss Max Egons zur Fuchsjagd zusammenkommt, besteht vornehmlich aus Mitgliedern des österreichischen Hochadels, und die Gespräche, die sie führen, kreisen durchaus nicht vor allem ums Waidwerk, sondern um Politik. Wenn Kaiser Franz Josef zur Offenherzigkeit Wilhelms gegenüber Max Egon bemerkt, »mir kann es nur recht sein«, dann ist damit gemeint: Jedes Wort, das der deutsche Kaiser in Gegenwart Max Egons fallen lässt, wird vom österreichischen Kaiser gehört. Um den Informationsverkehr zwischen Berlin und Wien zu beschleunigen, lässt Max Egon seinen eigenen Salonwagen an den jeweils schnellsten Zug anhängen. Wilhelm aber will die doppelte Loyalität seines Freundes nicht bemerken. Eines Tages erzählt er ihm: »Franz Thun sagte mir neulich vorwurfsvoll, dass ich Dich ganz an mich heranzöge und dass Du dadurch dem politischen Leben in Österreich leider ganz entzogen würdest, das sei schade, da [Du] zu vielem und bedeutendem in Österreich berufen [wärst]. Ich antwortete dem Thun: das ist mir einerlei, ich bin darin Egoist – ich will eben meinen Max für mich haben.«[20] Wilhelms Irrtum garantiert Max Egons wirtschaftliches Überleben. Das weiß Max Egon, und so verhält er sich auch, als die Liquidierung des Fürstentrusts beginnt.

Das Terrain zwischen Ernst Hofmann und dem geltenden Recht war ein Schlachtfeld, auf dem sich der Vertrauensmann der Fürsten unbeirrt nach jeder Niederlage zum Sieger ausgerufen hatte. Christian Kraft und Max Egon hingegen erklärten das Terrain zu ihrem Herrschaftsgebiet, auf dem nur ihre Regeln gelten, denen sich zu unterwerfen hat, wer mit ihnen in Berührung kommt. Über Max Egon wird erzählt, er habe seinen früheren Kompagnon, den Bankier Carl Neuburger, nicht nur auf brutale Art herausgedrängt, in den folgenden Prozessen – einer dauert im Jahr 1913 noch immer an – habe ein Rechtsanwalt Max Egons auch sein Mandat niedergelegt, »weil es ihm seine Standespflicht verbiete, zu solchen Praktiken die Hand zu bieten«.[21] Auch im Umgang mit den Banken traten die Cousins zumindest in der ersten, der tollkühnen Sturm-und-Drang-Phase des Fürstentrusts nicht wie Geschäftsleute auf, die über Interessen verhandeln, sondern als Feudalherren, die Verhandlungen mit Bankern als würdelos empfinden: »Im Esplande-Hotel spielte sich einmal folgende Szene ab. Einer der beiden Fürsten hatte mit verschiedenen Persönlichkeiten der Hautefinance eine Konferenz verabredet. Aber kurz vor der Stunde, zu der Durchlaucht erscheinen sollte – die Herren waren selbstverständlich bereits sämtlich pünktlich erschienen –, verkündete ein Diener, die Sitzung falle aus, der Fürst habe sich entschieden, ins Theater zu gehen.«[22]

Später scheint Christian Kraft nicht zu begreifen, dass sich die Verhältnisse geändert haben. Jetzt gilt im Fürstentrust das Wort der Deutschen Bank, die die Liquidierung damit beginnt, dass sie sämtliche Verpflichtungen übernimmt, womit sich »die Kredite, die sie an den Konzern und seine Einzelmitglieder gab, mit einem Schlag auf etwa über Mk. 100 Millionen erhöhten«.[23] Die Einsicht, damit nicht mehr frei, also ohne Zustimmung der Deutschen Bank über sein Vermögen verfügen zu können, widerstrebt Christian Kraft. Hinter dem Rücken der Bank schickt er ein Effektendepot – vier Millionen Mark Aktien der Levante-Linie – nach London. Die Sache fliegt auf, wieder einmal verlässt ein Vertreter der Deutschen Bank unter Protest den Fürstentrust, aber für die Bank gibt es kein Zurück.

Die Rasanz, mit der die Deutsche Bank die Filetierung des Fürstentrusts betreibt, gleicht dem Tempo, das Ernst Hofmann beim Aufbau des Konzerns an den Tag gelegt hatte. Der notorisch zahlungsunwillige Max Egon wird gezwungen, eine Anleihe in Höhe von 22 Millionen Mark aufzulegen und mit seinem Grundbesitz in Baden zu sichern, 5569 Hektar landwirtschaftliches Gelände und 25 046 Hektar Forsten. Das entspricht genau der Summe, mit der Max Egon nach Darstellung der Bank bereits ein Jahr zuvor bei ihr persönlich verschuldet war. Ein von der Bank beauftragter Sachverständiger schätzt den Wert des verpfändeten Bodens auf 84,6 Millionen für den Forst und 9,6 Millionen Mark für die Felder.[24] Auf die Güter Christian Krafts gibt die Pester Commerzbank Pfandbriefe in Höhe von elf Millionen Mark aus. Verkauft werden Aktien der Niederlausitzer Kohlenwerks-AG im Wert von acht Millionen Mark, der Kaliwerke Friedrichshall und Sarstedt im Wert von elf Millionen und der Hohenlohe-Werke AG im Wert von 15 Millionen Mark. Deren Aktien sind inzwischen günstig zu haben. Als der Bankier Carl Fürstenberg den Aufsichtsrat im Streit drei Jahre zuvor verlassen hatte, standen sie bei 223 Mark, jetzt sind sie für 149 Mark auf dem Markt.[25] Als segensreich für den Berliner Nahverkehr wird sich der Verkauf von Aktien der Allgemeinen Berliner Omnibus-Aktien-Gesellschaft (ABOAG) im Wert von sieben Millionen Mark erweisen. Das Aktienpaket – ungefähr zwei Fünftel des Aktienkapitals der ABOAG – wird an die Berliner Hochbahngesellschaft verkauft, parallel dazu ein gleich großes Aktienpaket vom Bankhaus S. Bleichröder an die Große Berliner Straßenbahn AG. Damit ist der Grundstein gelegt für die Entstehung der Berliner Verkehrs AG (BVG) im Jahr 1928.[26]

Die Aufgabe, die Ruine des Fürstentrusts fachgerecht abzutragen, ist alles andere als einfach. Das Unternehmen ist ein Labyrinth, ein Konstrukt irrsinniger Verschachtelungen, die selbst Experten verzweifeln lassen können. Das Exzelsior-Hotel in Berlin gehört der Theater- und Saalbau-AG, deren Mehrheit von Boswau & Partner kontrolliert wird. Die Anteile der Boswau & Knauer GmbH befinden sich im Besitz der Berliner Terrain- und Baugesellschaft, deren Aktien wiederum zum Teil im Portefeuille des Fürstentrusts liegen, die Aktien des Fürstentrusts aber besitzen Christian Kraft und Max Egon. Die Berliner Terrain- und Baugesellschaft wird in eine Liquidationsgesellschaft umgewandelt, die Anteile an Boswau & Knauer werden von Max Egon übernommen.[27]

Boswau & Knauer ist nicht nur eines der ruinösesten Unternehmen des Fürstentrusts, sondern auch der Anlass für den öffentlich ausgetragenen Streit zwischen den Fürsten und der Deutschen Bank über die Verantwortung für den Zusammenbruch des Konzerns. Die Deutsche Tageszeitung (»Für Kaiser und Reich! – Für deutsche Art! – Für deutsche Arbeit in Stadt und Land!«) erinnert daran – unklar, ob auf Anregung der Fürsten –, dass die Bank das Bauunternehmen dem Fürstentrust als Preis für neue Kredite aufgedrückt habe und deshalb eigentlich Schuld an dessen Untergang trage. Das ist nicht ganz falsch, aber angesichts der vielen vom Fürstentrust eigenhändig ausgelösten Katastrophen wohl doch eine sehr fürstenfreundliche Bewertung, die die Deutsche Bank nicht nur zurückweist, sondern zum Anlass nimmt, mit Christian Kraft und Max Egon öffentlich abzurechnen.

Sie zwingt die Deutsche Volkszeitung zum Abdruck folgender Erklärung: »Es ist unrichtig, daß die Krisis des Fürstenkonzerns ausschließlich oder auch nur vorwiegend durch die Aufnahme von Boswau & Knauer in die Berliner Terrain- und Bau-AG verursacht sei. Vielmehr bilden die Verluste des Fürstenkonzerns an Terraingeschäften überhaupt nur einen Teil seiner Gesamtverluste. Der größere Teil der Verluste geht zurück auf Geschäfte anderer Natur, insbesondere auf die wahllos aufgehäuften Bestände in den verschiedensten Aktien, Gesellschaftsanteilen und Beteiligungen; ferner auf die Kursverluste an den festverzinslichen Werten, die mit als Unterlage für die von dem Fürstenkonzern dauernd in Anspruch genommenen gewaltigen Vorschüsse dienten, sowie auf die sehr erheblichen Zinsverluste, die sich notwendigerweise aus einer solchen Art der Geldbeschaffung ergeben mußten. Allein der Verlust aus einem Komplex von Sammelkonten, der mit den Terraingeschäften des Konzerns nicht das mindeste zu tun hat, ist größer als Kapital und Reserven der Handelsvereinigung.«[28] Darüber hinaus bescheinigt die Bank den Fürsten, Finanzbarone und Industrieritter zu sein, die im Geschäftsleben nichts zu suchen hätten. Richtig sei, »daß der Fürstenkonzern in zahlreichen, ungenügend geprüften und mangelhaft geleiteten Geschäften Summen immobilisiert hat, die in keinem Verhältnis zu seinen verfügbaren Mitteln standen, und daß diese Geschäftspolitik beim Eintritt widriger Verhältnisse zu einer Krisis führen mußte.« Nur durch ihr Eingreifen habe sie den Fürstentrust »vor dem völligen Zusammenbruch« gerettet.

Wer in der zweiten Hälfte des Jahres 1913 nur die Nachrichten aus der Welt des Adels, der Jagd und des Reitsports liest, der weiß nichts von der finanziellen Not Christian Krafts und Max Egons, und er ahnt nicht das Geringste von dem sich anbahnenden Zerwürfnis zwischen den Cousins. Max Egon stiftet anlässlich der Bodenseeseglerwoche einen Fürst-Max-Egon-Wanderpreis für die Kreuzer-Klasse[29] und fährt im Oktober von Wien über Prag zu seinem Schloss Lana, wo er den 50. Geburtstag feiert; für die großen Rennen in Hannover im nächsten Jahr »nominiert« Christian Kraft Laudanum, Lumperl und Mausi II. für den Jubiläumspreis,[30] und er darf anlässlich der Posener Festtage im Breslauer Landeshaus gemeinsam mit dem Herzog und der Herzogin von Ratibor die Kaisertafel mit Malmaisonnelken schmücken.[31] Wie jedes Jahr empfängt Max Egon im November 1913 Kaiser Wilhelm. Aber wie fünf Jahre zuvor tritt auch diesmal die Fuchsjagd in den Hintergrund.

Denn erneut wird das Kaiserreich von einer Krise erschüttert. In Zabern, einem 9000-Einwohner-Städtchen im seit 1870/71 von Deutschland annektierten Elsass, hat ein junger preußischer Leutnant die Bevölkerung gegen sich aufgebracht. Er hatte im Kasernenhof in Anwesenheit elsässischer Rekruten die Elsässer als »Wackes« (Taugenichtse) bezeichnet, ein Schimpfwort, das zu verwenden preußischen Offizieren per Erlass verboten ist. Der Zaberner Anzeiger berichtet über den Vorfall unter der Schlagzeile »Der neueste Fall«, denn die Beleidigung des deutschen Offiziers – für sich betrachtet eine Lappalie – ist nur das letzte Glied einer Kette von Demütigungen, Rohheiten und Willkürakten des preußischen Militärs, die die elsässische Bevölkerung, die sich politisch und kulturell Frankreich zugehörig fühlt, seit mehr als vierzig Jahren zu ertragen hat. Der spätere Chefredakteur der Weltbühne, Carl von Ossietzky, schreibt im November 1913: »Das Maß war voll. Um den Zorn der Massen zu einer Entladung zu bringen, bedurfte es nur eines verhältnismäßig kleinen Anlasses.«[32]

Die Lage verschärft sich, als der Zaberner Anzeiger enthüllt, der preußische Leutnant habe nicht nur die Beleidigung wiederholt, sondern vor den Rekruten ausgerufen: »Auf die französische Fahne könnt ihr scheißen!« Nun beginnt sich auch die französische Presse für das Wirken der Deutschen in Zabern zu interessieren. Die Stimmung wird gereizter, die Zusammenstöße zwischen Bevölkerung und preußischem Militär häufen sich, der Regimentskommandeur ruft den Belagerungszustand aus, lässt friedliche und unfriedliche Bürger willkürlich verhaften – Maßnahmen, die nur dem Chef der Zivilverwaltung in Straßburg, Statthalter Carl Graf von Wedel, zustehen. Die deutsche Öffentlichkeit reagiert empört mit Solidaritätsadressen an die Bürger von Zabern, da kommt es am 2. Dezember zu einem erneuten Zwischenfall: Der junge preußische Leutnant, dessen Soldaten auf der Straße von Arbeitern mit Schmährufen bedacht werden, befiehlt der Abteilung, die Übeltäter festzunehmen. Alle fliehen, nur ein 19-jähriger lahmer Schustergeselle fällt in die Hände des Leutnants, der heldenhaft den Säbel zieht und dem Jungen eine fünf Zentimeter lange Kopfwunde zufügt.

Am nächsten Tag befasst sich der Reichstag in Berlin mit den Exzessen des preußischen Militärs im Elsass. Reichskanzler Theodor von Bethmann Hollweg, seit 1909 Nachfolger Bülows, laviert, rügt einerseits die »Ungehörigkeit« des Leutnants und verweist andererseits auf das Recht und die Pflicht der Armee, ihre Autorität vor Angriffen der Bevölkerung zu schützen. (»Der Rock des Königs muss unter allen Umständen respektiert werden.«) Zu Tumulten kommt es, als Kriegsminister Erich von Falkenhayn die Geschehnisse vorbehaltlos als Reaktion auf »Pressetreibereien« und »systematische Beschimpfungen von Militärpersonen« verteidigt. Der Reichstag tobt, bis auf die Konservativen sprechen die Abgeordneten dem Reichskanzler – erstmals in der deutschen Geschichte – das Misstrauen aus. Aber im deutschen Kaiserreich bestimmt nicht das Parlament den Kanzler, sondern der Kaiser. Der sitzt mit Max Egon in Donaueschingen und schickt ein Telegramm an den zuständigen General im Elsass: »Sie sind mir für die Ordnung in Ihrem Korpsbezirk verantwortlich und werden es dabei an der nötigen Energie nicht fehlen lassen.«[33] Kronprinz Wilhelm fasst die Ansicht seines Vaters zustimmend in die einfachen Worte: »Immer feste druff.« Der Reichskanzler bleibt.

Am 5. Dezember reisen Reichskanzler und Kriegsminister nach Donaueschingen. Empfangen werden sie von einer aufgeregten Gesellschaft des österreichischen Hochadels: »Mich nahmen sie unter ein Kreuzfeuer von Blicken mit und ohne Monokel oder Lorgnons. Ein paar Komtesserl mir gegenüber musterten mich halb neugierig, halb ängstlich.«[34] Statthalter Graf von Wedel und der zuständige General sind bereits da. Was sie zusammen beschließen, ist nur auf den ersten Blick ein Rückzieher des Militärs, tatsächlich eine Bestrafung der Bürger Zaberns. Die beiden dort stationierten Bataillone werden auf zwei Truppenübungsplätze verlegt. Das schafft Abstand – der vor allem die Geschäftsleute Zaberns schädigt. Das preußische Militär betrachtet den Ausgang der Zabern-Affäre als seinen Triumph. Der zivile Statthalter von Wedel, der gegen die Besatzerwillkür protestiert hatte, nimmt einige Monate später seinen Abschied, der junge Leutnant und sein Regimentskommandeur werden vom Kriegsgericht in letzter Instanz freigesprochen, der Kommandeur bekommt einen Orden, und die Frankfurter Zeitung kommentiert: »Das Bürgertum hat eine Niederlage erlitten. Das ist das eigentliche und sichtbare Zeichen des Zaberner Prozesses [...]. In der Auseinandersetzung zwischen Militärgewalt und Zivilgewalt hat das Kriegsgericht das Recht der unbeschränkten Herrschaft der ersteren gegenüber dem Bürgertum statuiert«.[35]

Welche Rolle hat Max Egon bei den Beratungen in Donaueschingen zur Zabern-Affäre gespielt? Am 6. Dezember schreibt Baronin Spitzemberg in ihrem Tagebuch wieder über ein Gespräch mit ihrem Bruder Axel von Varnbüler, dem württembergischen Gesandten in Berlin: »Aus absolut sicherer Quelle wollte Axel wissen, daß gleich zu Anfang der Angelegenheit Graf Wedel an den Kaiser um Audienz telegrafiert habe, die abgeschlagen wurde; hätte der Graf daraufhin telegraphisch um seine Entlassung gebeten, wie er hätte müssen, sofort wäre er empfangen worden, sagt Axel. Gräßlich zu denken, daß dann die ganze greuliche Angelegenheit eine kleine Episode geblieben sein würde. Den Einfluß Fürstenbergs kann Axel nicht genug beklagen«.[36] Mit dem Ausgang der Affäre jedenfalls kann Max Egon zufrieden sein. Denn erneut hat ihm Wilhelm eine Probe seines Talents gegeben, sich – außer Österreich-Ungarn – nur ja keine Freunde zu machen. Und Wilhelm hat gezeigt, dass Loyalität ihm alles bedeutet – mehr jedenfalls als Recht und Gesetz. Der unentbehrliche Max Egon darf sich darauf verlassen, dass ihm Wilhelm gegen Christian Kraft beistehen wird.

Der Konflikt zwischen den Cousins entzündet sich natürlich an der Frage, wer mit welchen Anteilen für das Debakel des Fürstentrusts einzustehen habe. Christian Kraft hatte bei Gründung der Handelsvereinigung AG drei Fünftel der Anteile übernommen, Max Egon zwei Fünftel. Allerdings entspricht dieses Verhältnis ganz und gar nicht demjenigen, »was die beiden Magnaten beim Zusammenbruch im Juli an Abwicklungshilfen aufbrachten«.[37] Max Egon hat Vermögen, aber wenig Kapital. Nicht nur kann er über seine Ländereien infolge des Fideikommiss nicht frei verfügen, mit der 22-Millionen-Anleihe muss er zunächst einmal seine Schulden bei der Deutschen Bank aus der Neuburger Zeit bedienen.[38] Wie hoch die Ansprüche gegen Max Egon auf Beteiligung an der Abwicklung des Fürstentrusts tatsächlich sind, ist nicht bekannt, Christian Kraft berechnet sie jedenfalls auf 30 Millionen. Letzterer habe, schreibt der Wirtschaftsjournalist Albert Oeser in der Frankfurter Zeitung, »loyal« alles eingebracht, was ihm verfügbar gewesen sei: »Auf seine Hohenlohe-Werke-Aktien ist ein großer Teil des Liquidationskredits der Deutschen Bank gegründet worden.«[39] Max Egon hingegen habe sich sehr zurückgehalten.

Die notorisch mangelnde Zahlungsbereitschaft Max Egons, mit der die Deutsche Bank schon langjährige Erfahrungen hat, lernt also jetzt auch sein Vetter kennen. Die Millionenverluste des Fürstentrusts drohen an Christian Kraft hängenzubleiben. Der Streit zieht sich hin, dringt an die Öffentlichkeit, ein peinlicher Prozess scheint unvermeidlich, obwohl Christian Kraft seine Forderung auf 15 Millionen Mark halbiert. Offenbar verlässt sich Max Egon weniger auf das Recht als auf die Macht seines Freundes Wilhelm II. Am 27. Februar 1914 berichtet Axel von Varnbüler an den Staatsminister der auswärtigen Angelegenheiten, Karl von Weizsäcker: »Alle Versuche, dem drohenden Proceß über die zwischen den Fürsten Fürstenberg und Hohenlohe-Öhringen bei Auflösung des Fürstenconcerns sich ergebenden Differenzen durch Vergleich vorzubeugen, sind bisher gescheitert. Fürst Hohenlohe hatte seine vermeintliche Forderung von circa 30 Millionen gegen seinen Vetter auf die Hälfte ermäßigt, dieser aber nur eine 20jährige Ratenzahlung von je 400 000 M geboten, die überdies von Seiten des Fideicommißbesitzers, der jederzeit zu Gunsten seines Sohnes abdanken könnte, nicht gesichert erschien. – Der von Hohenlohe ausgehende und auch von dem Rechtsbeistand der Gegenpartei, dem für sehr anständig geltenden Justizrat von Gordon befürwortete Vorschlag, die Entscheidung einem Schiedsrichter zu unterwerfen, etwa dem Herrn Reichskanzler unter sachverständiger Assistenz des Präsidenten der Reichsbank Havenstein – wurde von Fürstenberg persönlich abgelehnt. Nun ist, als letztes Mittel zur Vermeidung eines Processes, der bei der – gelinde gesagt – Dunkelheit der zu Grunde liegenden und aufzuklärenden Geschäftsgebarungen der Generalbevollmächtigten beider Parteien nicht nur für diese höchst compromettant werden, sondern bei der bekannten Freundschaft des Kaisers für Fürstenberg auch politisch ausgebeutet werden könnte, neuerdings beabsichtigt, Seiner Majestät die Sachlage vorzutragen und anheimzugeben, Allerhöchst seinen Einfluß zu Gunsten eines Vergleichs geltend zu machen. Es scheint dies umso mehr geboten, als Seine Majestät bisher des Glaubens ist, daß Fürst Fürstenberg nur durch seinen Vetter Hohenlohe in diese wilden Speculationen hineingezogen worden sei, während die große Mehrheit der haute finance die entgegengesetzte Ansicht vertritt und auch durchaus unparteiische und vertrauenswerte Männer unserer Gesellschaftskreise auf Grund ihnen vorgelegter authentischer Schriftstücke die Handlungsweise des Fürsten Fürstenberg für unvereinbar halten.«[40]

Zumindest mit seiner Behauptung, Wilhelm halte Fürstenberg für ein Opfer Christian Krafts, liegt Varnbüler daneben. Wilhelm ist über das Engagement Max Egons beim Fürstentrust nicht nur genau unterrichtet, ihm liegt auch seit einem Jahr ein offenbar von Reichskanzler Bethmann Hollweg angeforderter Bericht des Innen-Staatssekretärs Clemens von Delbrück über den Fürstentrust vor. Darin steht nicht nur, dass Max Egon schon zuvor – ohne Beteiligung Christian Krafts – in Geschäfte mit Carl Neuburger verwickelt war, vielmehr heißt es dort über den Fürstentrust: »Die Handels-Vereinigung ist Zentralstelle für die Verwaltung der Vermögen der Fürsten Hohenlohe und Fürsten Fürstenberg, des sogenannten ›Fürstentrust‹.«[41] Dezent, doch unmissverständlich resümiert der Staatssekretär, »daß die geschäftliche Tätigkeit der Handels-Vereinigung nicht überall vollem Verständnis« begegne: »In der Tat hat sie in der Öffentlichkeit erhebliche Angriffe erfahren.« Delbrück hatte vorsorglich angeboten, »die Angelegenheit zum Gegenstand eines mündlichen Vortrags bei Seiner Majestät dem Kaiser und König zu machen.«

Wilhelm weiß, dass ihm sein Freund einen Sechs- für einen Sechzehnender vormacht, aber zumindest nach außen gibt er sich von der ausschließlichen Verantwortung Christian Krafts für das Desaster vollkommen überzeugt. Doch weder Max Egon noch der Kaiser hat Interesse an einem Prozess mit Christian Kraft. Wilhelm wäre es peinlich, würde seine Freundschaft mit Max Egon von der Öffentlichkeit im Spiegel des Fürstentrust-Zusammenbruchs betrachtet. Max Egon wiederum hätte von einem Urteil nichts Gutes zu erwarten. Baronin Spitzemberg notiert am 14. Dezember 1913 in ihrem Tagebuch, Christian Kraft habe ihrem Bruder Axel von Varnbüler Papiere gezeigt, wonach Max Egon »höchst bedenkliche Dinge getan« habe, Ähnliches habe ihr gegenüber auch Paul von Schwabach angedeutet, Mitinhaber des Bankhauses S. Bleichröder. Am Ende des drohenden »Riesenprozesses« werde Max Egon nicht nur mit seinem Geld, sondern auch mit seiner »Ehre« zu bezahlen haben.[42] Welche Rolle der Kaiser hier im Detail spielt, ist nicht bekannt, es steht jedoch fest, dass der Anfang April 1914 zustande kommende Vergleich zwischen den Cousins für Max Egon überaus erfreulich ausfällt: Christian Kraft bleibt tatsächlich auf dem größten Teil der Verluste sitzen. Max Egon scheidet aus dem Fürstentrust aus, verfügt allerdings über kein freies Vermögen mehr – seine Ländereien sind verpfändet. Doch muss ihn nun auch nicht mehr interessieren, dass ebenfalls Anfang April das Warenhaus Wertheim endgültig zusammenbricht, dessen Namensgeber sich schon vor längerer Zeit zurückgezogen und nach London abgesetzt hat. Auf der Passivseite stehen Forderungen in Höhe von drei Millionen Mark von 4000 Warengläubigern, der mit Abstand größte Gläubiger ist Christian Kraft: »Von den 22 Millionen Mark, die der Fürst abgesehen von der Kaufsumme von 10,5 Millionen Mark in das Warenhaus gesteckt hat, wird er nicht viel wiedersehen. Man rechnet mit einer ganz geringen Konkursdividende.«[43]

Am 11. April 1914 berichtet die Zeitung Sport und Salon, Kaiser Wilhelm habe auf der Trophäenausstellung des Österreichischen Jagdklubs drei Hirsche exponiert, darunter einen Vierundzwanzigender aus dem Revier Pleß. Hervorragend sei eine Kollektion von neun Hirschgeweihen, die Erzherzog Friedrich und seine Gäste in dem jagdlichen Dorado in Bellye erbeutet hätten: »Den von Kaiser Wilhelm und Erzherzog Friedrich ausgestellten Geweihen kann sich der von Fürst Christian Kraft zu Hohenlohe exponierte Achtzehnender würdig zur Seite stellen.«[44] Am 24. April 1914 informiert die Neue Freie Presse in Wien: »In den architektonisch vornehmen Räumen des Ministeriums des Aeußern am Ballhausplatze vereinigten sich heute über Einladung des Ministers des Aeußern Grafen Berchtold und seiner Gemahlin Gräfin Randine die diplomatische Welt, die Generalität, die Minister und hohen Würdenträger des Reiches, die führenden Männer der Wissenschaft, der Industrie, des Handels und der Kaufmannschaft. [...] An Orden fehlte es übrigens nicht, vom österreichischen Großkreuz bis zum exotischen Ordensband war jede Uniform und jeder Orden vertreten.« Auch Max Egon ist mit Gemahlin Irma zur »glänzenden Soiree« erschienen.[45] Wenige Stunden später, am 25. April 1914, fast auf den Tag genau sechs Jahre nach seiner Gründung, wird der Fürstentrust liquidiert.

Wie hoch sind die Verluste, die Christian Kraft mit dem Fürstentrust erlitten hat? Die Schätzungen reichen von »mindestens 30 Millionen«[46] bis »etwa 110 Millionen Mark«.[47] Völlig verarmt ist der Magnat nicht, aber den Anschluss an die Spitze der reichsten Millionäre hat er verloren. Anfang Januar 1914 berichten Zeitungen über die Höhe der Wehrbeiträge, die Millionäre in Deutschland zu entrichten haben: »Es ergibt sich, daß allein die fünf größten Wehrbeiträge die stattliche Höhe von 20 Millionen Mark erreichen. Diese Summe verteilt sich im einzelnen folgendermaßen: Ein Millionär hat drei Millionen zu entrichten, drei zahlen je vier Millionen und einer fünf Millionen an einmaligem Wehrbeitrag. Den höchsten Beitrag überhaupt hat Frau Bertha Krupp v. Bohlen und Halbach an das Reich abzuführen. Nämlich, da ihr Vermögen auf 284 000 000 M und ihr jährliches Einkommen auf 18 Millionen Mark einzuschätzen ist, so beläuft sich ihr Beitrag auf 5 Millionen. Unter denen, die 4 Millionen entrichten werden, ist an erster Stelle der deutsche Kaiser hervorzuheben. Er steht mit der Höhe seines Beitrags an der Spitze aller von den sonstigen deutschen Bundesfürsten zu leistenden Wehrbeiträge. Ihm gleich stehen auf Grund ihres annähernd auf gleichem Stand sich haltenden Vermögens und Einkommens der Fürst Guido Henckel von Donnersmarck und der Fürst Christian Kraft zu Hohenlohe-Öhringen, Herzog von Ujest.«[48] Doch als die Zeitungen Anfang März neue Zahlen über die Wehrbeiträge der reichsten Deutschen veröffentlichen, ist Christian Kraft nicht mehr dabei.[49]

Ein Hinweis auf den wahren Umfang der Verluste findet sich in Christian Krafts engster Umgebung. Er kommt von Annemarie von Nathusius, einer Schriftstellerin, die sich als »adlige Rebellin« (Hellmut von Gerlach) mit ihrer literarischen Kritik an der politischen und militärischen Führungselite Preußens und des Kaiserreichs einen Namen gemacht hatte. Sie hatte den 26 Jahre älteren Christian Kraft – einen Bekannten ihres Vaters – ungefähr zur Zeit der Gründung des Fürstentrusts, also um 1908, kennengelernt und in ihm einen zuverlässig großzügigen Mäzen gefunden.[50] Ab diesem Zeitpunkt war die bis dahin trotz literarischer Erfolge von Geldproblemen geplagte junge Schriftstellerin alle Sorgen los, führte ein Haus in Grunewald und fuhr Mercedes: »Es ist wie eine Ironie des Schicksals, daß mir die materielle Grundlage zu dem Kampf gegen jene Kreise von einem ihrer prominentesten Angehörigen geschaffen wurde. Und dieser Segen war nicht kleinlich beengt, er strömte die schönsten Jahre meines Lebens über mich wie ein Blütenrausch.«

Er strömte zwei Jahrzehnte lang, bis zum Tod Christian Krafts, offenbar selbst in der Zeit des Zusammenbruchs des Fürstentrusts. Die Beweggründe allerdings sind unklar. Es ist möglich, aber nicht wahrscheinlich, dass Christian Kraft sich als stiller Verbündeter der Schriftstellerin in ihrem Kampf gegen seine Standesgenossen verstand. Naheliegend, aber nicht belegt ist die Vermutung, dass Annemarie von Nathusius seine Geliebte war. Sie selbst schrieb nur: »Wir fanden uns im Gefühl der Vereinsamung, der gleichen Ermüdung und Erschöpfung. [...] Seine mimosenhafte Zurückhaltung schwand mir gegenüber bald, er faßte Vertrauen, und so zog das innere und äußere Leben dieses tiefen Melancholikers und Eigenbrötlers zweiundzwanzig Jahre lang und rückblickend auf 50 Jahre deutschen Lebens an meiner Seele vorüber.« Alles, was ihn betraf, sei »vor meinem Ohr« verhandelt worden, auch der Kollaps des »weltbekannten« Fürstentrusts, der ihr wie das »Vorspiel zu dem bald darauffolgenden der deutschen Weltmacht« erschienen sei: »Fürst Hohenlohe allein verlor neunzig Millionen«.[51] Christian Kraft ist der größte Verlierer der Fürstentrust-Affäre, der größte Gewinner ist die Deutsche Bank.

Anfang März 1914 berichtet die Frankfurter Zeitung, die Deutsche Bank sei jüngst die »größte Bank der Welt« geworden.[52] Eine der Ursachen des rapiden Aufstiegs sei, wie ein US-Wirtschaftshistoriker später schrieb, neben der Übernahme der Bergisch-Märkischen Bank, den »vielfältigen Beteiligungen an der wirtschaftlichen Entwicklung der Vereinigten Staaten und Lateinamerika« und »ihren Aktivitäten im Osmanischen Reich und im Nahen Osten« auch die »gerade geglückte Rettungsaktion für den Fürstenkonzern« gewesen.[53]

Das Jahr 1914 erlebt Christian Kraft ökonomisch als Desaster, für Max Egon wird es – im Augenblick seines scheinbar größten Erfolgs – politisch zur Katastrophe. Max Egons größte Sorge war, ob der Zweierbund im Ernstfall halten und das deutsche Kaiserreich Österreich-Ungarn in einem Krieg gegen Serbien beistehen würde. In Anwesenheit der militärischen Führungsspitze hatte sich Wilhelm im »Kriegsrat« schon am 8. Dezember 1912 für den sofortigen Krieg gegen Russland und Frankreich ausgesprochen und gefordert, »Österreich müsse den auswärtigen Slaven (den Serben) gegenüber kraftvoll auftreten, sonst verliere es die Macht über die Slaven der österr.-ung. Monarchie.«[54] Sollte sich Russland hinter die Serben stellen und in Galizien einrücken, »wäre der Krieg für uns unvermeidlich«. Die Sitzung war geheim, aber da Wilhelm vor Max Egon keine Geheimnisse hat, ist es wahrscheinlich, wenn auch nicht belegt,[55] dass Max Egon den Wiener Hof über den »Blankoscheck« des deutschen Kaisers informierte und damit die Kriegsbereitschaft Österreich-Ungarns forcierte. Aber die Frage war, ob »Wilhelm der Plötzliche« im entscheidenden Augenblick seine Beteuerungen wahrmachen und Deutschland an der Seite Österreich-Ungarns stehen würde.

Als am 28. Juni 1914 in Sarajewo Kronprinz Franz Ferdinand ermordet wird, Kaiser Wilhelm Österreich-Ungarn bedingungslose Unterstützung verspricht, Österreich-Ungarn Serbien den Krieg erklärt, Deutschland erst Russland, dann Frankreich den Krieg erklärt, schließlich England Deutschland den Krieg erklärt, hat Max Egon Grund zur Euphorie. In der Entscheidungsschlacht zwischen »Slaventum und Germanentum« (Wilhelm) stehen Österreich-Ungarn und das Deutsche Reich Seite an Seite, das Bündnis hält. Max Egon glaubt zu bekommen, was er gewollt hat. Doch in Wahrheit beginnt drei Monate nach dem Ende des deutsch-österreichischen Fürstentrusts der Untergang der Monarchien in Deutschland und Österreich-Ungarn.

NACHSPIEL

In der Nacht vom 11. zum 12. November 1918 gewinnt Kurt Kleefeld seinen Wettlauf gegen die Revolution. Erst auf den letzten Metern kann er ihn für sich entscheiden und erreicht vor ihr das Schloss von Leopold IV. Fürst zur Lippe in Detmold. Einige Tage hat die Revolution scheinbar uneinholbar vorn gelegen. Seit am 7. November die Rätebewegung die Bayerische Republik ausgerufen, einen Tag später auch der Herzog von Braunschweig und Lüneburg Ernst August aus der Dynastie der Welfen widerstandslos »die Regierung in die Hände des Arbeiter- und Soldatenrates« gelegt und sich mit seiner Familie nach Österreich auf seine Besitzungen zurückgezogen hat, sind die 22 jahrhundertealten deutschen Herrscherhäuser eines nach dem anderen geräuschlos verdampft. Am 9. November hat Reichskanzler Prinz Max von Baden im Namen, aber ohne Zustimmung des Kaisers dessen Thronverzicht erklärt, in Berlin wurde die Republik gleich zweimal ausgerufen, vom Sozialdemokraten Philipp Scheidemann und dem Spartakistenführer Karl Liebknecht. Einen Tag später floh Wilhelm aus dem deutschen Hauptquartier in der belgischen Stadt Spa, wohin ihm Max Egon ergeben gefolgt war, nach Holland, und die Zeitung Sport und Salon berichtete, Christian Kraft habe Jey Wind nach Schweden verkauft, denn das früher hochklassige Rennpferd habe als Deckhengst enttäuscht.[1]

In Detmold weht die rote Fahne über dem Schloss des Fürsten. Doch noch residiert dort Fürst zur Lippe, Edler Herr und Graf zu

Biesterfeld, Graf zu Schwalenberg und Sternberg etc. etc., zur Abdankung schon entschlossen, aber dazu erst bereit, wenn alle Verpflichtungen erfüllt sind. Die Zeit drängt. Seit Tagen lärmen Demonstrationszüge durch die Straßen Detmolds, der Lippische Volks- und Soldatenrat – im Teutoburger Hof unter dem Vorsitz des sozialdemokratischen Geschäftsführers des Konsumvereins in Lemgo und eines Detmolder Verlagsbuchhändlers von der Liberalen Volkspartei konstituiert – besteht auf raschem Rückzug. In der Nacht zum 12. November versammelt der Fürst zum letzten Mal die engsten Vertrauten um sich, telefoniert mit seinem Berliner Rechtsberater; als alle Verfahrensfragen geklärt und die verdienstvollsten unter seinen Mitarbeitern von ihm noch eilig zu »Exzellenzen« und »Freiherrn« befördert worden sind, erhebt Leopold Kurt Kleefeld, einen leitenden Angestellten Christian Krafts, auf dessen Wunsch und »in Anerkennung der diesem [Christian Kraft, d. Verf.] geleisteten langjährigen treuen Dienste« endlich in den lippischen Adelsstand. Eine Stunde nach Mitternacht dankt Fürst zur Lippe ab. Vermutlich glaubt Kurt von Kleefeld, er habe sein Ziel erreicht. Doch ist er nur im letzten Augenblick auf ein sinkendes Schiff gesprungen. Kurt von Kleefeld ist der letzte nobilitierte Deutsche und zugleich der letzte nobilitierte deutsche Jude. So wie Bismarcks Bankier Gerson von Bleichröder 1872 für seine Verdienste um die Rettung von Christian Krafts Vater als erster ungetaufter Jude in den Adelsstand aufgestiegen war, folgt ihm 1918 der getaufte Jude Kurt von Kleefeld für die Verdienste um die Rettung des Sohnes nach.

Die Auszeichnung ist, nach Christian Krafts und Kleefelds gemeinsamer Überzeugung, hart erarbeitet. Kleefeld betrachtet sich als Retter des zertrümmerten Vermögens Christian Krafts, und Christian Kraft sieht keinen Grund, ihm zu widersprechen. Seit er den 32 Jahre alten promovierten Juristen im Frühjahr 1914 zum Kammerpräsidenten, das heißt zum Chef der neu aufgebauten Generalverwaltung der fürstlichen Güter und Finanzen in Berlin ernannt hat – sie hat ihren Sitz in der Neustädtischen Kirchstraße 4-5, nur wenige Meter von den Geschäftsräumen des liquidierten Fürstentrusts in der Dorotheenstraße entfernt –, entspannt sich die Lage.

Kleefeld, Spross einer konvertierten jüdischen Unternehmerfamilie, ist charmant, robust, ehrgeizig und war trotz seines Alters in der Geschäftswelt schon erfahren, als er die anspruchsvolle Aufgabe bei Christian Kraft übernahm. Nach zwei Jahren als stellvertretender Landrat in dem westpreußischen Städtchen Briesen war er als Geschäftsführer zum Hansabund gewechselt, einer Interessenvertretung deutscher Kaufleute und Industrieller. Vermittelt hatte ihm die einflussreiche Stellung sein Schwager, der nationalliberale Reichstagsabgeordnete Gustav Stresemann, seit 1903 verheiratet mit Kurts ältester Schwester Käte.

Sein gewandtes Auftreten und seine gepflegte Erscheinung machten Kurt Kleefeld schnell zum »Liebling der Gesellschaft«.[2] Ausgerechnet eine Empfehlung Albert Ballins – des Chefs der Hapag – verhalf Kleefeld zwei Jahre später zum Engagement bei Christian Kraft. Über ihre Begegnung im Fürstentrust-Hotel Esplanade schrieb Kleefeld später: »Der Fürst empfing mich auf dem Gange der I. Etage mit tränenden Augen und sagte mir: ›Ich bin ein Bettler; ich habe nicht mehr als einige tausend Mark im Jahr zu verzehren.‹« Tatsächlich sei die Lage, als er mit der Arbeit begann, »vollkommen verfahren und chaotisch nach jeder Richtung hin« gewesen. Als besonders gefährlich habe sich für Christian Kraft der Vertrag mit den »beteiligten Bankengruppen« – gemeint ist vor allem die Deutsche Bank – erwiesen, er habe Christian Kraft »nicht die geringste Lücke und irgendeine freie und eigene Betätigung« gelassen, mit anderen Worten: ein »Vorläufer des Versailler Vertrages in finanzieller Beziehung«.[3]

Seit dem Ausscheiden Ernst Hofmanns war die Vertrauensstellung an der Seite Christian Krafts vakant, Kurt Kleefeld gelingt es, sie in kurzer Zeit zu erobern. Er sichert sich die Unterstützung seines »alten Freundes«, des späteren Reichsbankpräsidenten Hjalmar Schacht, damals Vorstandsmitglied der noch unbedeutenden Nationalbank. Mit seiner Hilfe und dank seiner eigenen »diplomatischen, psychologischen und finanziellen Filigranarbeit«, schrieb Kleefeld – kein Freund des Understatements – später selbstbewusst, sei es gelungen, Christian Kraft aus der Umklammerung der Deutschen Bank zu lösen. Mindestens so sehr wie um die Rettung des zerrütteten Vermögens Christian Krafts bemüht sich Kleefeld um die Reparatur des ramponierten Images des Fürsten. Als 1916 eine Wiener Zeitung meldet, Christian Kraft habe aus der »Liquidationsmasse« seines Hohenlohe-Konzerns für 3,6 Millionen Mark Aktien der österreichisch-ungarischen Zinkwalzwerke verkauft, lässt Kleefeld den Bericht umgehend in der Zeitung dementieren. Von einer »Liquidationsmasse« könne überhaupt keine Rede sein: »Es handelt sich [...] um ein reguläres Geschäft, wie es jeden Tag in Tausenden von Fällen vorkommt.«[4]

Kleefeld beteuerte später, er und der Fürst hätten in der Zeit nach dem Ersten Weltkrieg »fast die Hälfte des Jahres auf den Eisenbahnen zugebracht, um all das wieder zurück zu gewinnen, was noch zu retten war«.[5] In diesen Jahren »schwersten Kampfes« seien er und der Fürst »nahezu unzertrennlich geworden«, fast jeden Tag habe er von Christian Kraft einen Brief erhalten, der stets mit den Worten geendet habe: »In größter Hochschätzung immer Ihr aufrichtig dankbarer ...«. Um den gewaltigen Schuldenberg des Fürsten auf einen Schlag zu pulverisieren, brauchte es jedoch Hilfe von außen. Die kam im Jahr 1923 in Gestalt eines Ereignisses, das fast alle Deutschen als Katastrophe empfanden.

Als Kleefelds Schwager Gustav Stresemann im August 1923 Reichskanzler wird, kostet in Berlin ein Laib Brot 200 000 Mark, ist eine Goldmark 1 000 000 Papiermark wert, hat sich die Arbeitslosigkeit innerhalb eines Monats verdoppelt – und Stresemann steht fast vor dem Ruin. Die wohlhabende Unternehmertochter Käte Kleefeld hat bei der Heirat zwanzig Jahre zuvor eine ansehnliche Mitgift in die Ehe gebracht, doch wurde das Geld in die Vergabe von Hypotheken investiert. Als nach der Ruhrbesetzung durch französische und belgische Truppen im Januar 1923 die Geldentwertung – eine Folge der Finanzierung des Krieges durch Schulden – zur Hyperinflation wird, als Fabriken, Büros und Geschäfte dazu übergehen, ihre Mitarbeiter zuerst zwei oder drei Mal in der Woche, dann täglich, schließlich sogar zwei Mal am Tag zu bezahlen, um mit der rasenden Geldentwertung Schritt zu halten,[6] als die Reichsbank – im November 1923 – einen Geldschein über 100 Billionen Mark ausgibt, das Geld das Papier nicht wert ist, auf dem es gedruckt ist, und Pfarrer den Gläubigen nach den Gottesdiensten für die Kollekte Wäschekörbe reichen, werden damit große Teile der Bevölkerung faktisch enteignet. Das betrifft Beamte, Lohn- und Gehaltsempfänger, alle Halter von Sparguthaben, die Bezieher fester Mieteinnahmen und die Besitzer von Kriegsanleihen, mit denen der Krieg finanziert worden war. Ungeschädigt bleibt, wer sich wie Kleefeld von seinem Arbeitgeber rechtzeitig vertraglich einen Ausgleich des Geldwertverlusts hat zusichern lassen. Aber das betrifft nur wenige, den meisten ergeht es wie dem Ehepaar Stresemann – die Mitgift der Frau wird wertlos, weil das verliehene Geld mit entwerteter Mark ohne Inflationsausgleich zurückgezahlt werden kann.

Profiteur der Hyperinflation ist vor allem der Staat. Die gesamten inneren Kriegsschulden des Reiches in Höhe von 154 Milliarden Mark – den größten Anteil bildeten die von der Bevölkerung erworbenen Kriegsanleihen – entsprechen, gerechnet in der Kaufkraft des Vorkriegsjahres 1913, im November 1923 noch einer Kaufkraft von 15,4 Pfennigen. Auch für Schuldner wie Christian Kraft und Max Egon erweist sich die Hyperinflation als Segen. Wie die Milliarden-Schulden des Reichs schmelzen ihre Millionen-Schulden bei den Banken dahin, sie sind 1923, wie es der Nachfolger Kleefelds, Richard Chrambach, Jahre später formulierte, damals »in sich selbst zerronnen«.[7]

Kurt Kleefeld wiederum scheint für die Sanierung der Vermögensverhältnisse Christian Krafts einen recht eigenwilligen Beitrag geleistet zu haben: »Ich habe immer meine Tätigkeit so ausgeübt, als ob ich selbst an allen diesen Besitztümern persönlich und besitzmäßig interessiert sei.«[8] Sollten die Vorwürfe zutreffen, die erstmals im Dezember 1931 auf einer außerordentlichen Generalversammlung der Hohenlohe-Werke AG von einem Aktionär erhoben werden,[9] dann verfolgt Kleefeld tatsächlich nicht nur ein sehr persönliches Interesse an den Besitztümern Christian Krafts, vielmehr verfolgt er es so intensiv, dass er damit wesentliche Sanierungsbemühungen zunichtemacht. Nach dem Weltkrieg wurde Oberschlesien geteilt. Zwar hatten in einer im Versailler Vertrag vorgesehenen Abstimmung 1921 fast sechzig Prozent der Oberschlesier für den Verbleib in Preußen beziehungsweise Deutschland votiert, dennoch hatte der Völkerbundrat die Teilung Oberschlesiens angeordnet, mit für Christian Kraft katastrophalen Folgen. Denn das Industriegebiet, dessen Bevölkerung mehrheitlich polnisch war, wurde fast vollständig Polen zugeschlagen.

So finden sich nach 1921 die meisten Produktionsanlagen der Hohenlohe-Werke AG in Polen wieder: fünf Steinkohlengruben, eine Steinkohlengrube der Tochtergesellschaft Steinkohlenbergbau AG in Niederobschütz, zwei Zink- und Bleierzgruben, zwei Zinkhütten, ein Zinkwalzwerk und eine Brikettfabrik. Die Produktionsanlagen werden in der neu gegründeten Hohenlohe-Werke AG zusammengeschlossen, die Mehrheit der Anteile liegt in Händen eines von der Kraft Gesellschaft für Bergbau und Hütteninteressen mbH in Berlin verwalteten »Pools«, an dem angeblich zu gleichen Teilen Christian Kraft und die tschechische Ignaz-Petschek-Gruppe beteiligt sind. Die im Reich verbliebenen Gruben werden in der Oehringen Bergbau AG zusammengefasst, und auch hier werden die Aktien angeblich zu gleichen Teilen zwischen dem Fürsten und der Ignaz-Petschek-Gruppe aufgeteilt.[10]

Auf der Generalversammlung im Dezember 1931 behauptet ein Aktionär, die Petschek-Gruppe habe sich »im Kohlenhandelsgeschäft zum Schaden der Hohenlohe-Werke A. G. verschiedene in die Millionen gehende Sondervorteile verschafft«.[11] Die vom Aktionär zum Beweis vorgelegten Abschriften und Fotokopien von Rechnungen bewertet der stellvertretende Vorsitzende des Aufsichtsrats, Kurt von Kleefeld, umgehend als Fälschungen. Bei den »Sondervorteilen« handelt es sich offensichtlich um die Folgen einer Vereinbarung, die Kleefeld still und heimlich mit dem tschechischen Kohlemagnaten Ignaz Petschek zu Beginn ihrer Geschäftsbeziehungen geschlossen hatte.

Jahre später, als Christian Kraft und der von seinen Erben davongejagte Kleefeld längst gestorben sind, schrieb ein Anwalt der Familie Hohenlohe-Öhringen über die Hintergründe der für das Haus Hohenlohe-Öhringen folgenschweren Vereinbarung: »Besonders hinzuweisen ist auf das Verhalten des v.K. [von Kleefeld, d. Verf.] in der Angelegenheit der Kraft G.m.b.H. Bei der Errichtung dieser Gesellschaft, welche eine Interessengemeinschaft des fürstlichen Hauses mit Herrn J. Petschek bedeuten sollte, hatte ersteres 63 % der Werte, letzterer nur 37 % zur Verfügung zu stellen. Trotzdem räumte v.K. dem Partner seines Machtgebers die Hälfte der Anteile ein, was ein durch nichts gerechtfertigtes Millionengeschenk für diesen und zugleich eine schwere Benachteiligung der ihm anvertrauten Interessen bedeutete. Es ist nur zu begreiflich, dass Herr Petschek aus diesem Verhältnis die seinen Interessen dienenden geschäftlichen Folgen gezogen hat. Aber nicht genug damit, ist v.K. in Verletzung seiner Treuepflicht sogar so weit gegangen, dem Vertragspartner die Majorität der Kraft G.m.b.H. in die Hand zu spielen. Dadurch, dass jeder der beiden Partner ihm einen Anteil (nom. 10 000.– RM) geschenkt hatte, war er in die Lage gekommen, das Zünglein an der Waage zu dirigieren. Er verkaufte den einen Anteil an Herrn Petschek und übertrug ihm an dem anderen Stimm- und Optionsrecht. Als Preis für den verkauften Anteil von nom. RM 10 000.– erhielt er, der überwiegenden Bedeutung des Anteils entsprechend, einen Betrag von 175 000.– Mk.; welchen Lohn er für das andere Geschäft bekommen hat, ist mir nicht bekannt. v. K. war sich bewusst, dass er durch diese Handlungen Herrn Petschek in die Lage versetzte, seinen Partner zu majorisieren. Dass das Haus Hohenlohe im Ergebnis an den Gewinnen des Kohlenhandelsgeschäfts bei den Hohenlohe-Werken seitens des Herrn Petschek nicht beteiligt und nicht minder durch jahrelange Pflichtverteilung von Dividenden bei den Hohenlohe-Werken auf empfindlichste geschädigt wurde, sei nur nebenbei erwähnt.«[12] Jahrelang war Christian Kraft in traumwandlerischer Bewusstlosigkeit den Dividenden der Hohenlohe-Werke hinterhergejagt. Als sie wieder kräftig zu sprudeln begannen, flossen sie nicht dem Haus Hohenlohe-Öhringen zu, sondern ausgerechnet mit Hilfe des engsten Vertrauten des Fürsten in die Tasche eines anderen.

Das würde – neben dem bis zum Ende unverändert aufwändigen Lebensstil Christian Krafts – erklären, warum der Nachfolger Kurt von Kleefelds, der Bankier Richard Chrambach, 1932 bei Dienstantritt eine trostlose Lage konstatierte: »Dies fand insbesondere seinen Ausdruck darin, dass bei den Hohenlohe-Werken bereits seit 1931 keinerlei Dividenden ausgeschüttet wurden.« Ausgeschüttet wurden sie schon, nur eben gelangten die »Millionenbeträge« (Chrambach) ausschließlich zu Ignaz Petschek. Als Christian Kraft am 14. Mai 1926 mit 78 Jahren auf seiner ungarischen Latifundie Somogyszob starb, war sein Nachlass »schwer verschuldet« (Chrambach).[13] Die Dichterfreundin Annemarie von Nathusius schrieb im Berliner Tageblatt einen einfühlsamen Nachruf (»Er wußte: erst sein Tod sollte meine Lippen entsiegeln«)[14] und kündigte gegenüber Kurt von Kleefeld eine Biografie unter dem Titel »Der letzte Grandseigneur« über Leben und Werk Christian Krafts an, die ungeschrieben blieb, weil Nathusius wenige Monate nach dem Fürsten vermutlich an den Folgen einer Zuckerkrankheit starb.

Summe des Lebens: Der Dichter Gottfried Benn hat sie in der Satirezeitschrift Simplicissimus in seinem Gedicht *Fürst Kraft* höhnisch in die Worte gefasst:

Fürst Kraft ist – liest man – gestorben.
Latifundien weit,
ererbte, hat er erworben,
eine Nachrufpersönlichkeit:
»übte unerschrocken Kontrolle,
ob jeder rechtens tat,
Aktiengesellschaft Wolle,
Aufsichtsrat.«

So starb er in den Sielen.
Doch wandt' er in Stunden der Ruh
höchsten sportlichen Zielen
sein Interesse zu;
immer wird man ihn nennen,
den delikaten Greis,
Schöpfer des Stutenrennen:
Kiscazonypreis.

Und niemals müde zu reisen!
Genug ist nicht genug!
Oft hörte man ihn preisen
den Rast-ich-so-Rost-ich-Zug,
er stieg mit festen Schritten
in seinen sleeping-car
und schon war er inmitten
von Rom und Sansibar.

So schuf er für das Ganze
und hat noch hochbetagt
im Bergrevier der Tatra
die flinke Gemse gejagt,
drum ruft ihm über die Bahre
neben der Industrie
alles Schöne, Gute, Wahre
ein letztes Halali.[15]

Vier Jahre später vertont der junge Komponist Paul Hindemith, als Vertreter zeitgenössischer Musik gefeiert und geschmäht, also berühmt, das Spottgedicht für einen Männerchor. Hindemith ist, eine Ironie des Zufalls, treuer Gefolgsmann Max Egons. Seine Verehrung für Max Egon ist so groß, dass er »Seiner Durchlaucht dem Fürsten von [sic] Fürstenberg« schon 1922 seine Kammermusik Nr. 1 (op. 24,1) gewidmet hat. Die Uraufführung in Donaueschingen war ein voller Erfolg, Hindemith firmiert seitdem als »Bürgerschreck«, Max Egon als kunstsinniger Mäzen avantgardistischer Musiker. Als Hindemith Benns lyrisches Gelächter vertont, sind die Donaueschinger Kammermusik-Aufführungen zur Förderung zeitgenössischer Aufführungen – heute die Musiktage für zeitgenössische Tonkunst – unter der Protektion Max Egons den Musikliebhabern der Republik längst bekannt. Wo einst das Jagdhorn den deutschen Kaiser und den österreichischen Hochadel zum Schuss auf Fuchs und Damhirsch rief, sprudelt die Donauquelle an der Residenz Max Egons jetzt zu den Klängen moderner Meister wie Béla Bartók, Alban Berg, Arnold Schönberg, Anton von Webern und Hindemith.

Max Egon hat den Untergang des Fürstentrusts offensichtlich deutlich besser überstanden als sein Cousin. Das hat er vor allem der Hilfe Kaiser Wilhelms vor dem Krieg und der Hyperinflation danach zu verdanken, aber auch dem Umstand, dass seine Güter außerhalb

Deutschlands nicht in Polen liegen, sondern in der 1918 gegründeten Tschechoslowakei. Zwar wurden einige seiner böhmischen Ländereien in der tschechoslowakischen Bodenreform Anfang der zwanziger Jahre enteignet, doch ist es Max Egon gelungen, wertvolle Teile seines Großgrundbesitzes – unter anderem das prächtige Barockschloss Lana, seinen Geburtsort – an den Staat zu verkaufen. Das dürfte ihm den Abschied von seiner Heimat ein wenig erleichtert haben, eine Folge des Krieges, den er zu Beginn enthusiastisch gefeiert hatte. Seine Begeisterung war bald erheblicher Skepsis über den Kriegsausgang gewichen, wohl auch, weil sein achtzehn Jahre alter Sohn Friedrich Eduard (»Fritzi«) in Rumänien durch eine Granate tödlich verwundet worden war.

Anders als Christian Kraft, der sich nach Kriegsausbruch dem Roten Kreuz als Delegierter zur Verfügung gestellt hatte,[16] war Max Egon mit der k.u.k. Armee in den Krieg gezogen, war – um Wilhelm näher zu sein – in die deutsche Armee gewechselt, hatte am 20. Juni 1918 Wilhelm den Brief des letzten österreichischen Kaisers Karl überbracht – in dem der Bundesgenosse ankündigte, bald um Frieden nachzusuchen –, war Wilhelm im November 1918 ins deutsche Hauptquartier im belgischen Spa gefolgt, hatte nicht den Mut gefunden, dem Kaiser zur Abdankung zu raten,[17] hatte Wilhelm im holländischen Exil immer wieder besucht, ihm sogar Hoffnung gemacht, irgendwann auf den Thron in Berlin zurückzukehren, und sich schließlich – anders als Wilhelm, der, von Rachegedanken erfüllt, in Holland mit den Jahren tausende Bäume zersägt, unverdrossen von der deutschen Weltmacht träumt und Hitler als seinen »Vollstrecker«[18] betrachtet – wenige Monate nach ihrer Machtübernahme in den Dienst der Nationalsozialisten gestellt. Mitte 1933 wird er Mitglied der NSDAP, der SA und des Stahlhelm.[19] Seine Begeisterung über den Führer ist grenzenlos (»Es war herrlich, diesem einzig großen Mann gegenüberstehen zu dürfen.«[20]), sein 70. Geburtstag ein mit SA-Aufmärschen und dem Absingen des Horst-Wessel-Liedes gewürdigtes Ereignis. Seine Hinwendung zum Nationalsozialismus kommt für seine Umgebung überraschend, denn vor 1933 hat Max Egon keine Annäherung zu erkennen gegeben.[21]

Dann allerdings hat er, wie der Leiter des Fürstlich-Fürstenbergischen Archivs, Karl Siegfried Bader, in seinem Nachruf bemerkte, »früh den Geist der neuen Bewegung und die Größe ihres Führers erkannt.«[22] Seine ideologische Flexibilität macht sich für Max Egon bezahlt und bringt ihn sogar wieder mit der Deutschen Bank zusammen. Ihre Freiburger Filiale bietet ihm 1938 den Kauf von Anteilen der Holzzellstoff- und Papierfabrik (Hupag) in Neustadt im Schwarzwald für 1,5 Millionen Reichsmark an.[23] So profitiert Max Egon von der »Arisierung« jüdischer Unternehmen, und diesmal erweist sich sein unternehmerisches Engagement als erfolgreich.

In all den Jahren hat nichts die Freundschaft zwischen Max Egon und dem alten deutschen Kaiser getrübt. Obwohl Max Egon seine Systemrelevanz für Wilhelm infolge des Untergangs des Systems längst verloren hatte, galt für beide das Versprechen, das Domänenrat Xaver Seemann 1843 in seine *Fürstenberger Hymne* geflochten hatte: »Nie uns're Treue wankt!« Tatsächlich blieb die Treue zwischen Wilhelm und Max Egon bis zum Ende unerschütterlich. Als der 82 Jahre alte Wilhelm in Doorn, seinem holländischen Exil, den letzten Baum gefällt hatte und mit den Worten »ich versinke, ich versinke« die Augen für immer schloss, folgte ihm der vier Jahre jüngere Max Egon nur kurze Zeit später. Am 11. August 1941, acht Wochen nach Wilhelms Tod, sank auch Max Egon auf Schloss Heiligenberg am Bodensee ins Grab. Selbst die Wiener Zeitungen, die in seiner Glanzzeit regelmäßig und ausführlich über den deutsch-österreichischen Grandseigneur berichtet hatten, zeigten sich an seinem Tod kaum mehr interessiert. Das Neue Wiener Tagblatt machte am 13. August 1941 die fünfte Seite mit einem längeren Bericht über den »Ladenschluss im Kleinhandel« auf, es folgte ein Artikel über den Besuch des italienischen Ministers Dr. Lombrassa, Referent für Binnenwanderung und Binnenkolonisation, in der Hauptstadt des »Gaues Oberdonau Linz«, ein Vermerk zum Tod eines SS-Gruppenführers, dann erst die Nachricht: »Max Egon Fürst zu Fürstenberg gestorben«. Er war im Tod so diskret wie im Leben. Seine letzten Worte sind nicht überliefert.

Doch hat sich seine Treue zu Wilhelm über den Tod hinaus für seine Nachkommen wortwörtlich bezahlt gemacht, die Huld, die Wilhelm seinem Max Egon schenkte, wirkt bis heute fort. Zwar zählt die Familie Fürstenberg nicht mehr zum reichsten Dutzend der Deutschen, aber bis heute ist sie einer der größten privaten Waldbesitzer in Deutschland. Ihr Vermögen wird auf 700 Millionen Euro geschätzt.[24]

Anmerkungen

Vorwort

1 Mündliche Auskunft des Leiters des Fürstlich Fürstenbergischen Archivs, Donaueschingen, Dr. Andreas Wilts; vgl. Volker Stalmann, Adel und Kapitalismus. Die Familie Hohenlohe und der Fürstenkonzern, in: Zeitschrift für Württembergische Landesgeschichte, 74. Jg., Stuttgart 2015, S. 8 des von Dr. Volker Stalmann dem Verf. zur Verfügung gestellten Sonderdrucks

Vorspiel auf Madeira

1 Soweit nicht ausdrücklich angegeben, befinden sich sämtliche Quellen dieses Kapitels im Aktenband der Politischen Abteilung »Deutschland Nr. 178, Der sog. Fürstenkonzern« im Politischen Archiv des Auswärtigen Amtes (PA AA) unter der Signatur R 2588.
2 Neues Wiener Tagblatt, 28. März 1905
3 Bernhard von Bülow, Deutschland und die Mächte vor dem Krieg, Hamburg 2014, Nachdruck der Originalausgabe von 1929, S. 258
4 Zit. nach John C. G. Röhl, Wilhelm II. Der Weg in den Abgrund, 1900–1941, München 2008, S. 374
5 Von Bülow zit. nach Peter Winzen, Bülows Weltmachtkonzept. Untersuchungen zur Frühphase seiner Außenpolitik, Boppard 1977, S. 415
6 Zit. nach Wilhelm Freiherr von Schoen, Erlebtes. Beiträge zur politischen Geschichte der neuesten Zeit, Stuttgart/Berlin 1921, S. 19
7 Zit. nach Röhl, a. a. O., S. 368
8 Zit. nach ebd., S. 369
9 Berliner Tageblatt, 29. März 1905, Nr. 162
10 Leipziger Tageblatt, 10. Januar 1907
11 The Times, 9. November 1904 (»The Mespilus Germanica in Madeira«)
12 Vgl. Heinz Gollwitzer, Die Standesherren, 2. Aufl., Göttingen 1964; weitere Gesellschafter waren: Generalleutnant Graf Egbert von der Asseburg,

Rittergutsbesitzer Graf Maltzahn, Geheimer Hofrat Felix Hecht, Legationsrat Hermann vom Rath, Rentier Felix Simon, Rittergutsbesitzer Freiherr von Diergardt, Rittergutsbesitzer Graf Schaffgotsch, Fabrikbesitzer Carl Schaller, Rittergutsbesitzer Graf Manfred Matuschka, Prinz Gustav Biron von Curland, Landschaftsmaler Julius Bodenstein, Graf Adalbert von Francken-Sierstorpff, Herzog zu Trachenberg, Kommerzienrat Fritz Friedländer, Kommerzienrat Louis Ravené, Dr. Venn, Geheimer Kommerzienrat Richard Pintsch, Kommerzienrat Julius Pintsch

13 Seculo, N°. 9033, 16. Februar 1907
14 Hamburger Nachrichten, 20. Februar 1907
15 Bernhard Fürst von Bülow, Denkwürdigkeiten, Bd. II: Von der Marokko-Krise bis zum Abschied, Berlin 1930, S. 525
16 Martin Schaad, »Dieser phantastische Idiot« oder: Eine kurze Typologie historischer Bedeutungslosigkeit, in: Leuchtfeuer, 10 Jahre Einstein Forum, 2003, S. 11; Siegfried Jacobsohn (Hrsg.), Die Weltbühne, XX. Jg., Nr. 31 (31. Juli 1924), S. 171-174
17 The Standard, 2. März 1906 (»Three-Sided Dispute – German Claim in Madeira«)
18 Hamburger Nachrichten, 27. Februar 1907
19 Leipziger Tageblatt, 10. Januar 1907
20 Ebd.
21 Hamburger Nachrichten, 27. Februar 1907
22 Leipziger Tageblatt, 10. Februar 1907
23 Weltbühne, a. a. O.

Erster Spieler – Christian Kraft

1 Anmerkung: Der Kaufkraft eines Euro entsprechen: 1905 6,1 Mark, 1906 5,8 Mark, 1907 5,8 Mark, 1908 5,7 Mark, 1909 5,6 Mark, 1910 5,5 Mark, 1911 5,3 Mark, 1912 5,0 Mark, 1913 5,1 Mark, 1914 5,1 Mark. »Kaufkraftäquivalente historischer Beträge in deutschen Währungen«, Informationen der Bundesbank, Stand Januar 2016
2 Brief an seinen Vetter Prinz Alexander zu Hohenlohe-Schillingsfürst vom Mai 1906, zit. nach Volker Stalmann, Fürst Christian Kraft zu Hohenlohe-Öhringen (1848-1926). »Leben wie Lukull«, in: Alma Hannig/Martina Winkelhofer-Thyri (Hrsg.), Die Familie Hohenlohe. Eine europäische Dynastie im 19. und 20. Jahrhundert, Köln/Weimar/Wien 2013, S. 357-373 (359)

3 Stalmann, ebd., S. 359
4 Bis zum Beginn des Ersten Weltkriegs wird er 75 000 Stück Wild getötet haben. Vgl. Wolfram G. Theilemann, Adel im grünen Rock. Adliges Jägertum, Großprivatwaldbesitz und die preußische Forstbeamtenschaft 1866–1914, Berlin 2004, S. 72
5 Rudolf Vierhaus (Hrsg.), Das Tagebuch der Baronin Spitzemberg, 2. Aufl., Göttingen 1961, S. 390
6 Sport und Salon, 7. November 1908
7 Ebd., 15. Februar 1908
8 Ebd., 3. Februar 1912
9 Stalmann, Fürst Christian Kraft, a. a. O., S. 360
10 Heinrich Wolfgang Seidel, Um die Jahrhundertwende. Jugendbriefe, Gütersloh 1952, S. 24 f.
11 Alfred Lansburgh, Die Finanzgeschäfte des Fürstentrust, in: Die Bank, Jg. 1912, S. 223–230 (223)
12 Manfred Rasch, Adelige als Unternehmer zwischen Industrialisierung und Ende des deutschen Kaiserreichs. Beispiele aus Württemberg und Baden, in: Eckart Conze/Sönke Lorenz (Hrsg.), Die Herausforderung der Moderne. Adel in Südwestdeutschland im 19. und 20. Jahrhundert, Ostfildern 2010, S. 83–110 (103)
13 Artur Lauinger, Der Fürstenkonzern und sein Ende, in: Zeitschrift für Handelswissenschaft und Handelspraxis 1913, S. 281
14 Ebd., S. 284
15 Jolanda Ballhaus, Die Landkonzessionsgesellschaften, in: Helmuth Stoecker (Hrsg.), Kamerun unter deutscher Kolonialherrschaft, Bd. 2, Berlin 1968, S. 99–179 (118)
16 Ebd., S. 121
17 Ebd.
18 Fritz Wertheimer, Deutsche Leistungen und deutsche Aufgaben in China, Berlin 1913, S. 58
19 Willibald Gutsche, Monopole, Staat und Expansion vor 1914, Berlin 1986, S. 64
20 Znaimer Tagblatt, 15. April 1914
21 Pester Lloyd, 19. September 1900
22 Mährisches Tagblatt, 19. Oktober 1903
23 Prager Tagblatt, 25. Juni 1908
24 Wiener Zeitung, 15. Dezember 1907

25 Otto Mathies, Hamburgs Reederei 1814–1914, Hamburg 1924, S. 190
26 Ebd., S. 189 f.
27 Nachum T. Gross, Die Deutsche Palästina-Bank 1897–1914. Ein Forschungsfragment, in: Zeitschrift für Unternehmensgeschichte, 1988, S. 149–177 (155)
28 Gregor Schöllgen, Imperialismus und Gleichgewicht. Deutschland, England und die orientalische Frage 1871–1914, München 1984, S. 125
29 Ludwig Dehio, Gleichgewicht oder Hegemonie. Betrachtungen über ein Grundproblem der neueren Staatengeschichte. Hrsg. u. mit einem Nachwort versehen von Klaus Hildebrand, Darmstadt 1996, S. 325; zit. nach Röhl, Wilhelm II., a.a.O., S. 122
30 Zit. nach Gisela Graichen/Horst Gründer, Deutsche Kolonien. Traum und Trauma, Berlin 2007, S. 252
31 Gross, a.a.O., S. 149

Zweiter Spieler – Max Egon

1 Peter Winzen, Freundesliebe am Hof Kaiser Wilhelms II., Norderstedt 2010, S. 79
2 John C.G. Röhl, Kaiser, Hof und Staat. Wilhelm II. und die deutsche Politik, München 1987, S. 35 ff.
3 Maximilian Harden, Monte Carlino, in: Die Zukunft, Nr. 59, 13. April 1907
4 Zit. nach Winzen, Freundesliebe, a.a.O., S. 81
5 Adolf von Wilke, Alt-Berliner Erinnerungen, Berlin 1930, S. 174
6 Ebd., S. 171
7 Allgemeiner Tiroler Anzeiger, 23. April 1914
8 Wiener Landwirtschaftliche Zeitung, 12. Mai 1897, und Neue Freie Presse, 5. Mai 1897
9 Das Vaterland, 2. Februar 1898
10 Lauinger, a.a.O., S. 281
11 Ebd.
12 Karl Kraus, Die Fackel, Juni 1926, Heft 726, S. 58
13 Stenographische Berichte des preußischen Abgeordnetenhauses, Sitzung vom 23. Januar 1908, zit. nach Ruth Glatzer (Hrsg.), Das Wilhelminische Berlin. Panorama einer Metropole 1890–1918, Berlin 1997, S. 87
14 Bilder zur Geschichte der Allgemeinen Berliner Omnibus-Aktien-Gesellschaft, hrsg. von der Allgemeinen Berliner Omnibus-Aktien-Gesellschaft, Berlin 1928, S. 32

15 Kurt Heinig, Die Finanzskandale des Kaiserreichs, Berlin 1925, S. 68
16 Vilma Carthaus, Zur Geschichte und Theorie der Grundstückskrisen in deutschen Großstädten – mit besonderer Berücksichtigung von Groß-Berlin, Jena 1917, S. 108
17 Heinig, a. a. O., S. 68
18 Karl Baedecker, Berlin und Umgebung, Handbuch für Reisende von Karl Baedeker, 13. Aufl., Leipzig 1904, S. 39
19 Christoph Bernhardt, Bauplatz Groß-Berlin, Berlin 1998, S. 13 f.
20 Helmut Geisert, Terrainspekulation, in: Berlin um 1900, hrsg. Berlinische Galerie e. V. in Verbindung mit der Akademie der Künste und der Berliner Festspiele GmbH, Berlin 1984, S. 34
21 Carthaus, a. a. O., S. 40
22 Lansburgh, a. a. O., S. 223
23 Bernhardt, a. a. O., S. 170
24 Lansburgh, a. a. O., S. 224

Das Spiel

1 Dieter Glatzer/Ruth Glatzer, Berliner Leben 1900–1914, Bd. Berlin 1986, S. 298
2 Otto Jeidels, Das Verhältnis der deutschen Großbanken zur Industrie mit besonderer Berücksichtigung der Eisenindustrie, München/Leipzig 1913, zit. nach Lothar Gall, Die Deutsche Bank von ihrer Gründung bis zum Ersten Weltkrieg 1870–1914, in: Lothar Gall/Gerald D. Feldman u. a., Die Deutsche Bank 1870–1995, München 1995, S. 48
3 Alfons Goldschmidt, Hohenlohe, in: Die Weltbühne, 14. Jg., 1918, Nr. 20, S. 366, (Reprint Königstein/Ts. 1978)
4 Ebd., S. 366
5 Lauinger, a. a. O., S. 280
6 Ebd.
7 Prager Tagblatt, 9. August 1913
8 Geheim-Bericht des Staatssekretärs des Innern, Clemens von Delbrück, an den Reichskanzler, 9. Mai 1912, PA AA R 2588
9 Leopold Gottschalk, Die Emdener Auswandererkonzession. Ein Nachwort, in: Berliner Tageblatt, 7. Januar 1913, Nr. 10
10 Vgl. Georg Bernhard, zit. nach: Neues Wiener Journal, 11. April 1914. Siehe hierzu auch S. 91 in diesem Buch.

11 Telegramm von Kaiser Wilhelm II. an den deutschen Botschafter in Wien, Heinrich von Tschirschky, 8. Mai 1912, PA AA R 2588
12 Gutsche, a.a.O., S. 277
13 Ludwig von Flatow, November 1918 auf dem Ballhausplatz. Erinnerungen Ludwigs Freiherrn von Flatow, des letzten Chefs des österreichisch-ungarischen Auswärtigen Dienstes 1895–1920, bearbeitet von Erwin Matsch, Wien/Köln/Graz 1982, S. 21
14 Neues Wiener Journal, 6. Dezember 1906
15 Neuigkeits-Welt-Blatt, 7. Dezember 1906
16 Lauinger, a.a.O., S. 282
17 Lansburgh, a.a.O., S. 224
18 Lauinger, a.a.O., S. 284
19 Ebd.
20 Ebd.
21 Mathies, a.a.O., S. 192
22 Ebd., S. 193
23 Kurt Nathan, Der deutsche Schiffahrtskampf von 1913. Das Hapag/Lloyd-Problem vor dem Weltkrieg, Würzburg 1935
24 Mathies, a.a.O., S. 201
25 Hansa: Schiffahrt, Schiffbau, Häfen, 46. Jg., 1909, Nr. 8
26 Hansa, 47. Jg., 1910, Nr. 6
27 Mathies, a.a.O., S. 202
28 Sport und Salon, 1. Januar 1911
29 Mathies, a.a.O., S. 203
30 Ebd.
31 Gottschalk, a.a.O.
32 Ebd.
33 Telegramm Kaiser Wilhelms II. an den deutschen Botschafter in Wien, Heinrich von Tschirschky, 1. Mai 1912, PA AA R 2588
34 Berliner Tageblatt, 28. März 1912; Berliner Tageblatt, 12. Juni 1912, Nr. 294, 3. Beiblatt
35 Telegramm Kaiser Wilhelms II. an Max Egon, 1. Mai 1912, PA AA R 2588
36 Telegramm des deutschen Botschafters in Wien, Heinrich von Tschirschky, an Kaiser Wilhelm II., 6. Mai 1912, PA AA R 2588
37 Telegramm Kaiser Wilhelms II., 8. Mai 1912, PA AA R 2588
38 Stefan Specht, Der Brand von Donaueschingen 1908, in: Bernd Klaedtke/Michael Thissen (Hrsg.), Feuerwehrchronik, 5. Jg., 2009, Nr. 1, S. 16 f.

39 Zit. nach Südkurier, 17. Mai 2008
40 Röhl, Wilhelm II., a.a.O., S. 723 ff.
41 Vgl. Peter Winzen, Das Kaiserreich am Abgrund. Die Daily-Telegraph-Affäre und das Hale-Interview von 1908. Darstellung und Dokumentation, Stuttgart 2002
42 Vierhaus, a.a.O., S. 489
43 Zit. nach Röhl, Kaiser, a.a.O., S. 17
44 Zit. nach Wolfgang J. Mommsen, Bürgerstolz und Weltmachtstreben. Deutschland unter Wilhelm II. 1890–1918, Berlin 1995, S. 234
45 Röhl, Wilhelm II., a.a.O., S. 728
46 Conrad Haußmann, zit. nach Röhl, Wilhelm II., a.a.O., S. 728
47 Zit. nach Norman Rich/M.H. Fisher (Hrsg.), Die geheimen Papiere Friedrich von Holsteins (deutsche Ausgabe von Werner Frauendienst), Bd. 4, Briefwechsel II, Göttingen 1963, S. 532 f.
48 Georg von Müller, Tagebuch vom 11. November 1908, zit. nach Röhl, Wilhelm II., a.a.O., S. 731
49 Robert Graf von Zedlitz-Trützschler, Zwölf Jahre am deutschen Kaiserhof. Aufzeichnungen des Grafen Robert Zedlitz-Trützschler, ehemaliger Hofmarschall Wilhelms II., Berlin 1924, S. 194 ff.
50 Zit. nach Winzen, Kaiserreich, a.a.O., S. 81
51 Karina Urbach, Hitlers heimliche Helfer. Der Adel im Dienst der Macht, Darmstadt 2016, S. 78
52 Zit. nach ebd., S. 72
53 Ebd., S. 62
54 Bülow, Denkwürdigkeiten, Bd. I, S. 153
55 Bülow, Denkwürdigkeiten, Bd. III, S. 27
56 Zit. nach Urbach, a.a.O., S. 78
57 Volker Ulrich, Die nervöse Großmacht 1871–1918. Aufstieg und Untergang des deutschen Kaiserreichs, Frankfurt am Mai 2013, S. 221
58 Zit. nach ebd., S. 222
59 Gustav Stresemann, Die Warenhäuser. Ihre Entstehung, Entwicklung und volkswirtschaftliche Bedeutung, in: Zeitschrift für die gesamte Staatswissenschaft, Bd. 56, 1900, H. 4, S. 696–733 (714)
60 Erica Fischer/Simone Ladwig-Winters, Die Wertheims. Geschichte einer Familie, Berlin 2004, S. 136
61 Ebd., S. 148

62 Ladon [i.e. Maximilian Harden], Berliner Gründungen, in: Die Zukunft, Bd. 69, 1909, S. 28–32 (31)
63 Carthaus, a.a.O., S. 117
64 Berliner Tageblatt, 6. Mai 1914
65 Ebd., 18. April 1914, Nr. 195, 2. Beiblatt
66 Ebd.
67 Fischer/Ladwig-Winters, a.a.O., S. 153
68 Neues Wiener Journal, 2. Januar 1909
69 Begleittext zu »Hotel Esplanade Berlin« – Werbeschrift von 1913
70 Silke Haps, Industriebetriebe der Baukunst – Generalunternehmer des frühen 20. Jahrhunderts. Die Firma Boswau & Knauer, Bd. I, Dortmund 2008, S. 81
71 Carthaus, a.a.O., S. 114
72 Lansburgh, a.a.O., S. 229
73 Haps, a.a.O., S. 158
74 Ebd., S. 21
75 Zit. nach Haps, a.a.O., S. 163
76 Lansburgh, a.a.O., S. 224
77 Ebd., S. 229
78 Carthaus, a.a.O., S. 118
79 Hans Fürstenberg (Hrsg.), Carl Fürstenberg. Die Lebensgeschichte eines deutschen Bankiers 1870–1914, Berlin 1931, S. 446
80 Ebd., S. 445 f.
81 Berliner Tageblatt, 11. Mai 1910, Nr. 235, 2. Beiblatt
82 Ebd.
83 Pester Lloyd, 22. Februar 1912
84 Heinig, a.a.O., S. 71
85 Lansburgh, a.a.O., S. 225
86 Goldschmidt, a.a.O., S. 365
87 Berliner Tageblatt, 11. Mai 1910, Nr. 235, 2. Beiblatt
88 Prager Tagblatt, 29. Dezember 1910
89 Rasch, a.a.O., S. 107
90 Heinig, a.a.O., S. 70
91 Goldschmidt, a.a.O., 365
92 Prager Tagblatt, 29. Dezember 1910
93 Gedenkbuch der Jagdausstellung, zit. nach Karlheinz Wirnsberger, Erste Internationale Jagdausstellung Wien 1910, in: Der Anblick, o.J.

94 Neue Freie Presse, 17. April 1910
95 Salzburger Volksblatt, 29. Januar 1910
96 Theilemann, a.a.O., S. 63
97 Neue Freie Presse, 17. April 1910
98 Österreichische Forst- und Jagd-Zeitung, 13. Mai 1910
99 Sport und Salon, 18. Juni 1910
100 Lansburgh, a.a.O., S. 226
101 Carthaus, a.a.O., S. 110
102 Zit. nach Bernhardt, a.a.O., S. 177, und Carthaus, a.a.O., S. 122
103 Zit. nach Carthaus, a.a.O., S. 122
104 Lansburgh, a.a.O., S. 226
105 Ebd.
106 Heinig, a.a.O., S. 71
107 Ebd., S. 68
108 Lansburgh, a.a.O., S. 227
109 Erich Achterberg, Berliner Hochfinanz. Kaiser, Fürsten, Millionäre um 1900, Frankfurt am Main 1965, S. 157
110 Bernhardt, a.a.O., 145f.
111 Berliner Tageblatt, 24. März 1912, Nr. 154, 3. Beiblatt
112 Lauinger, a.a.O., S. 286
113 Frankfurter Zeitung, 10. März 1912
114 Heinig, a.a.O., S. 65
115 Ebd.
116 Ebd.
117 Frankfurter Zeitung, 10. März 1912
118 Berliner Börsenzeitung, 9. März 1912, Nr. 116, III. Beilage
119 Frankfurter Zeitung, 10. März 1912
120 Heinig, a.a.O., S. 65
121 Frankfurter Zeitung, 6. März 1912
122 Telegramm Wilhelms II. an den deutschen Botschafter in Wien, 8. Mai 1912, PA AA R 2588. Wilhelm zitiert hierin auch aus dem Brief der Deutschen Bank.
123 Salzburger Chronik, 12. Oktober 1911; vgl. Pester Lloyd, 11. und 13. Oktober 1913
124 Sport und Salon, 14. Oktober 1911
125 Fremden-Blatt, 4. Juni 1918
126 Sport und Salon, 14. Oktober 1911

127 Die Bombe, 14. Juli 1912
128 Ebd.
129 Berliner Börsenzeitung, 13. Juli 1912, Nr. 325 (S. 2)
130 Wiener Salonblatt, 22. Juli 1911
131 Ebd., 25. Januar 1913
132 Sport und Salon, 22. März 1913
133 Berliner Volkszeitung, 22. Juli 1913, Nr. 337, Erstes Beiblatt
134 Ebd., 12. Juli 1913, Nr. 321, Erstes Beiblatt
135 Heinig, a.a.O., S. 71
136 Vierhaus, a.a.O., S. 565
137 Zit. nach Neues Wiener Journal, 11. April 1914

Endspiel

1 Joachim Borchart, Zug um Zug. Aufstieg und Fall des genialen Unternehmers Bethel Henry Strousberg, in: Kultur & Technik, 16. Jg., 1992, Nr. 1, S. 18–23 (20)
2 Manfred Ohlsen, Der Eisenbahnkönig Bethel Henry Strousberg. Eine preußische Gründerkarriere, Berlin 1987, S. 64
3 Fritz Stern, Gold und Eisen. Bismarck und sein Bankier Bleichröder, 2. Aufl., München 2011, S. 248
4 Ebd.
5 Zit. nach ebd., S. 533
6 Ebd., S. 248
7 Fürstenberg, a.a.O., S. 499
8 Ebd., S. 57
9 Ebd., S. 499
10 Ebd.
11 Bericht des österreichisch-ungarischen Botschafters in Berlin, Ladislaus von Szögyény-Marich, an Außenminister Leopold Graf Berchtold, 8. April 1914, in: Haus-, Hof- und Staatsarchiv (HHStA) Wien, PA III 171
12 Zit. nach Heinig, a.a.O., S. 72
13 Lauinger, a.a.O., S. 279
14 Heinig, a.a.O., S. 73
15 Bülow, Denkwürdigkeiten, Bd. 1, a.a.O., S. 153
16 Zit. nach Winzen, Freundesliebe, a.a.O., S. 84
17 Urbach, a.a.O., S. 73

18 Reichspost, 24. Juni 1913, Nr. 290
19 Urbach, a.a.O., S. 76; Winzen, Freundesliebe, a.a.O., S. 84
20 Zit. nach Urbach, a.a.O., S. 72
21 Heinig, a.a.O., S. 64
22 Ebd., S. 67
23 Albert Oeser, Dissonanzen im Fürstenkonzern, in: Ders., Proben aus vierzig Jahren Arbeit für die Frankfurter Zeitung, Frankfurt 1942, S. 114
24 National-Zeitung, 4. Februar 1914
25 Harden, Omnibus, in: Die Zukunft, Bd. 84, 1913, S. 241
26 Deutsche Wirtschafts-Archive, Bd. 1, hrsg. im Auftrag der Gesellschaft für Unternehmensgeschichte e. V., 3. Aufl., Stuttgart 1994, S. 35
27 Carthaus, a.a.O., S. 124
28 Zit. nach Heinig, a.a.O., 72
29 Vorarlberger Landes-Zeitung, 11. Juni 1913
30 Sport und Salon, 29. November 1913
31 Wiener Salonblatt, 6. September 1913
32 Zit. nach Volker Ulrich, Als der Thron ins Wanken kam, Bremen 1993, S. 67
33 Zit. nach Röhl, Wilhelm II., a.a.O., S. 1033
34 Zit. nach Ulrich, Als der Thron, a.a.O., S. 80
35 Frankfurter Zeitung, 12. Januar 1914, Nr. 12, Abendblatt
36 Vierhaus, a.a.O., S. 564
37 Oeser, a.a.O., S. 116
38 Ebd.
39 Ebd.
40 Bericht des kgl. Gesandten in Berlin, v. Varnbüler, an den Staatsminister der auswärtigen Angelegenheiten, Dr. von Weizsäcker, Berlin, 27. Februar 1914, in: Hauptstaatsarchiv Stuttgart (HStAS), E 50/03, Bü 208
41 Telegramm, 9. Mai 1912, PA AA R 2588
42 Vierhaus, a.a.O., S. 565
43 Ladon, i.e. Maximilian Harden, in: Neue Freie Presse, 8. April 1914
44 Sport und Salon, 11. April 1914
45 Neue Freie Presse, 24. April 1914
46 Rasch, a.a.O., S. 107
47 Stalmann, Adel und Kapitalismus, a.a.O., S. 13
48 Straßburger Post, 22. Januar 1914; so auch Tägliche Rundschau (Berlin), 29. Januar 1914; Niederschlesischer Anzeiger, 28. Januar 1914; Bielefelder Generalanzeiger, 27. Januar 1914

49 Rostocker Anzeiger, 1. März 1914; Potsdamer Tageszeitung, 13. März 1914
50 Ruth Stummann-Bowert, »Es leuchtet meine Liebe«. Annemarie von Nathusius (1874-1926), Würzburg 2011, S. 115 ff.
51 Annemarie von Nathusius, In memoriam Christian Kraft zu Hohenlohe-Oehringen, in: Berliner Tageblatt, 19. Juli 1926, Nr. 336, 1. Beiblatt
52 Zit. nach Gerald D. Feldman, Die Deutsche Bank vom Ersten Weltkrieg bis zur Weltwirtschaftskrise 1914-1933, in: Die Deutsche Bank 1870-1995, a. a. O., S. 136-314 (136)
53 Ebd., S. 136
54 Georg Alexander von Müller, Tagebucheintrag über die Besprechung vom 8. Dezember 1912 auf den Seiten »Deutsche Geschichte in Bildern und Dokumenten« des Deutschen Historischen Instituts in Washington
55 Winzen, Freundesliebe, a. a. O., S. 88

Nachspiel

1 Salon und Sport, 10. November 1918
2 Kurt Koszyk, Gustav Stresemann. Der kaisertreue Demokrat, Köln 1989, S. 81
3 Kurt von Kleefeld, Schriftstück ohne Datum über den Eintritt des von Kleefeld beim Fürsten Christian Kraft, Hohenlohe-Zentralarchiv Neuenstein (HZN), Archiv Öhringen, Oe 145 Bü 151
4 Neue Freie Presse, 24. Dezember 1916
5 Kleefeld, a. a. O.
6 Frederick Taylor, Inflation. Der Untergang des Geldes in der Weimarer Republik und die Geburt eines deutschen Traumas, München 2013, S. 283
7 Richard Chrambach, Denkschrift »Die wirtschaftlichen Zusammenhänge und finanzielle Entwicklung des Haus-Vermögens Hohenlohe-Öhringen in den Jahren 1932-1937«
8 Kleefeld, a. a. O.
9 Prager Tagblatt, 3. Mai 1932
10 Stalmann, Fürst Christian Kraft, a. a. O., S. 368
11 Prager Tagblatt, 3. Mai 1932
12 Anwaltliches Schreiben vom 23. Januar 1936, Verfasser nicht zu identifizieren, HZA, Oe 145 Bü 153
13 Chrambach, a. a. O.
14 Berliner Tageblatt, 19. Juli 1926

15 Gottfried Benn, Sämtliche Gedichte, Stuttgart 2006, Seite 88 f.
16 Stalmann, Fürst Christian Kraft, a.a.O., S. 367
17 Winzen, Freundesliebe, a.a.O., S. 88
18 John C.G. Röhl, Wilhelm II. sah in Hitler seinen Vollstrecker (Interview mit Oliver Das Gupta), in: Süddeutsche Zeitung, 4. Juni 2011
19 Stephan Malinowski, Vom König zum Führer. Deutscher Adel und Nationalsozialismus, 3. Aufl., Frankfurt am Main 2010, S. 582
20 Ebd.
21 Ebd.
22 Schriften des Vereins für Geschichte und Naturgeschichte der Baar und der angrenzenden Landesteile in Donaueschingen, XXI. Heft, 1940
23 Harold James, Die Deutsche Bank und die »Arisierung«, München 2001, S. 116
24 Christian von Hiller, Fürst Heinrich zu Fürstenberg. Unternehmeradel in schweren Zeiten, in: Frankfurter Allgemeine Zeitung, 5. Oktober 2004

Literatur

Zeitungen

Allgemeiner Tiroler Anzeiger, Berliner Börsenzeitung, Berliner Tageblatt, Berliner Volkszeitung, Das Vaterland, Deutsche Tageszeitung, Die Bombe, Frankfurter Zeitung, Frankfurter Allgemeine Zeitung, Hamburger Nachrichten, Hansa, Leipziger Tageblatt, Mährisches Tagblatt, National-Zeitung, Neue Freie Presse, Neues Wiener Journal, Neues Wiener Tagblatt, Neuigkeits-Welt-Blatt, Österreichische Forst-Zeitung, Pester Lloyd, Potsdamer Tageszeitung, Prager Tagblatt, Reichspost, Rostocker Anzeiger, Salzburger Chronik, Salzburger Volksblatt, Seculo, Sport und Salon, Straßburger Post, Süddeutsche Zeitung, Südkurier, Tägliche Rundschau (Berlin), The Standard, The Times, Wiener Landwirtschaftliche Zeitung, Wiener Salonblatt, Wiener Zeitung, Znaimer Tagblatt

Literatur

Achterberg, Erich, Berliner Hochfinanz. Kaiser, Fürsten, Millionäre um 1900, Frankfurt am Main 1965

Allgemeine Berliner Omnibus-Aktien-Gesellschaft (Hrsg.), Bilder zur Geschichte der Allgemeinen Berliner Omnibus-Aktien-Gesellschaft, Berlin 1928

Anwaltliches Schreiben vom 23. Januar 1936, Verfasser nicht ermittelt, HZA Neuenstein, Archiv Öhringen, Oe 145 Bü 153

Karl Siegfried Bader, Nachruf auf Max Egon II. Fürst zu Fürstenberg, in: Schriften des Vereins für Geschichte und Naturgeschichte der Baar und der angrenzenden Landesteile in Donaueschingen, XXI. Heft, 1940, unpaginiert

Karl Baedeker, Berlin und Umgebung, Handbuch für Reisende von Karl Baedeker, 13. Aufl., Leipzig 1904

Jolanda Ballhaus, Die Landkonzessionsgesellschaften, in: Helmuth Stoecker (Hrsg.), Kamerun unter deutscher Kolonialherrschaft, Bd. 2, Berlin 1968, S. 99–179

Gottfried Benn, Sämtliche Gedichte, Stuttgart 2006. Abdruck mit freundlicher Genehmigung des Verlags Klett-Cotta.
Christoph Bernhardt, Bauplatz Groß-Berlin, Berlin 1998
Joachim Borchart, Zug um Zug. Aufstieg und Fall des genialen Unternehmers Bethel Henry Strousberg, in: Kultur & Technik, 16. Jg., Nr. 1, 1992, S. 18–23
Bernhard von Bülow, Denkwürdigkeiten, Bd. I: Vom Staatssekretär bis zur Marokko-Krise, Berlin 1930
Bernhard von Bülow, Denkwürdigkeiten, Bd. II: Von der Marokko-Krise bis zum Abschied, Berlin 1930
Bernhard von Bülow, Denkwürdigkeiten, Bd. III: Weltkrieg und Zusammenbruch, Berlin 1931
Bernhard von Bülow, Deutschland und die Mächte vor dem Krieg, Hamburg 2014, Nachdruck der Originalausgabe von 1929
Vilma Carthaus, Zur Geschichte und Theorie der Grundstückskrisen in deutschen Großstädten – mit besonderer Berücksichtigung von Groß-Berlin, Jena 1917
Richard Chrambach, Denkschrift »Die wirtschaftlichen Zusammenhänge und finanzielle Entwicklung des Haus-Vermögens Hohenlohe-Öhringen in den Jahren 1932–1937«, dem Verf. von Dr. Volker Stalmann überlassen
Clemens von Delbrück, Geheim-Bericht des Staatssekretärs des Innern an den Reichskanzler, 9. Mai 1912, PA AA R 2588
Deutsche Wirtschafts-Archive, Bd. 1, hrsg. im Auftrag der Gesellschaft für Unternehmensgeschichte e. V., 3. Aufl., Stuttgart 1994
Deutschland Nr. 178, Der sog. Fürstenkonzern, Aktenband der Politischen Abteilung im Politischen Archiv des Auswärtigen Amtes (PA AA), Signatur R 2588
Gerald D. Feldman, Die Deutsche Bank vom Ersten Weltkrieg bis zur Weltwirtschaftskrise 1914–1933, in: Lothar Gall/Gerald D. Feldman u. a., Die Deutsche Bank 1870–1995, München 1995, S. 136–314
Erica Fischer/Simone Ladwig-Winters, Die Wertheims. Geschichte einer Familie, Berlin 2004
Ludwig von Flatow, November 1918 auf dem Ballhausplatz. Erinnerungen Ludwigs Freiherrn von Flatow, des letzten Chefs des österreichisch-ungarischen Auswärtigen Dienstes 1895–1920, bearbeitet von Erwin Matsch, Wien/Köln/Graz 1982
Hans Fürstenberg (Hrsg.), Carl Fürstenberg. Die Lebensgeschichte eines deutschen Bankiers 1870–1914, Berlin 1931

Helmut Geisert, Terrainspekulation, in: Berlin um 1900, hrsg. Berlinische Galerie e. V. in Verbindung mit der Akademie der Künste und der Berliner Festspiele GmbH, Berlin 1984
Dieter Glatzer/Ruth Glatzer, Berliner Leben 1900–1914, Berlin 1986
Ruth Glatzer (Hrsg.), Das Wilhelminische Berlin. Panorama einer Metropole 1890–1918, Berlin 1997
Alfons Goldschmidt, Hohenlohe, in: Die Weltbühne, 14. Jg., 1918, Nr. 20, S. 365–366 (Reprint Königstein/Ts. 1978)
Heinz Gollwitzer, Die Standesherren, 2. Aufl., Göttingen 1964
Leopold Gottschalk, Die Emdener Auswandererkonzession. Ein Nachwort, in: Berliner Tageblatt, 7. Januar 1913, Nr. 10, S. 1–2
Gisela Graichen/Horst Gründer, Deutsche Kolonien. Traum und Trauma, Berlin 2007
Nachum T. Gross, Die Deutsche Palästina-Bank 1897–1914. Ein Forschungsfragment, in: Zeitschrift für Unternehmensgeschichte, 1988, S. 149–177
Willibald Gutsche, Monopole, Staat und Expansion vor 1914, Berlin 1986
Silke Haps, Industriebetriebe der Baukunst – Generalunternehmer des frühen 20. Jahrhunderts. Die Firma Boswau & Knauer, Bd. I., Dortmund 2008
Maximilian Harden, Monte Carlino, in: Die Zukunft, Nr. 59, 13. April 1907
Maximilian Harden (Pseudonym Ladon), Berliner Gründungen, in: Die Zukunft, Bd. 69, 1909, S. 28–32
Maximilian Harden, Omnibus, in: Die Zukunft, Bd. 84, 1913
Maximilian Harden (Pseudonym Ladon), in: Neue Freie Presse, 8. April 1914
Kurt Heinig, Die Finanzskandale des Kaiserreichs, Berlin 1925
Christian von Hiller, Fürst Heinrich zu Fürstenberg. Unternehmeradel in schweren Zeiten, in: Frankfurter Allgemeine Zeitung, 5. Oktober 2004
Harold James, Die Deutsche Bank und die »Arisierung«, München 2001
Otto Jeidels, Das Verhältnis der deutschen Großbanken zur Industrie mit besonderer Berücksichtigung der Eisenindustrie, München/Leipzig 1913; zit. nach: Lothar Gall, Die Deutsche Bank von ihrer Gründung bis zum Ersten Weltkrieg 1870–1914, in: Lothar Gall/Gerald D. Feldman u. a., Die Deutsche Bank 1870–1995, München 1995, S. 1–137
Kurt von Kleefeld, Schriftstück ohne Datum über den Eintritt des von Kleefeld beim Fürsten Christian Kraft, HZA Neuenstein, Archiv Öhringen, Oe 145 Bü 151
Kurt Koszyk, Gustav Stresemann. Der kaisertreue Demokrat, Köln 1989

Karl Kraus, Die Fackel, Juni 1926, Heft 726

Alfred Lansburgh, Die Finanzgeschäfte des Fürstentrust, in: Die Bank, Jg. 1912, S. 223–230

Artur Lauinger, Der Fürstenkonzern und sein Ende, in: Zeitschrift für Handelswissenschaft und Handelspraxis 1913, Heft 9

Stephan Malinowski, Vom König zum Führer. Deutscher Adel und Nationalsozialismus, 3. Aufl., Frankfurt am Main 2010

Otto Mathies, Hamburgs Reederei 1814–1914, Hamburg 1924

Wolfgang J. Mommsen, Bürgerstolz und Weltmachtstreben. Deutschland unter Wilhelm II. 1890–1918, Berlin 1995

Georg Alexander von Müller: Tagebucheintrag über die Besprechung vom 8. Dezember 1912 auf den Seiten »Deutsche Geschichte in Bildern und Dokumenten« des Deutschen Historischen Instituts in Washington (http://germanhistorydocs.ghi-dc.org/sub_document.cfm?document_id=799&languagegerman)

Kurt Nathan, Der deutsche Schiffahrtskampf von 1913. Das Hapag/Lloyd-Problem vor dem Weltkrieg, Würzburg 1935

Albert Oeser, Dissonanzen im Fürstenkonzern, in: Ders., Proben aus vierzig Jahren Arbeit für die Frankfurter Zeitung, Frankfurt 1942

Manfred Ohlsen, Der Eisenbahnkönig Bethel Henry Strousberg. Eine preußische Gründerkarriere, Berlin 1987

Manfred Rasch, Adelige als Unternehmer zwischen Industrialisierung und Ende des deutschen Kaiserreichs. Beispiele aus Württemberg und Baden, in: Eckart Conze/Sönke Lorenz (Hrsg.), Die Herausforderung der Moderne. Adel in Südwestdeutschland im 19. und 20. Jahrhundert, Ostfildern 2010, S. 83–110

Norman Rich/M.H. Fisher (Hrsg.), Die geheimen Papiere Friedrich von Holsteins (deutsche Ausgabe von Werner Frauendienst), Bd. 4, Briefwechsel II, Göttingen 1963

John C.G. Röhl, Kaiser, Hof und Staat. Wilhelm II. und die deutsche Politik, München 1987

John C.G. Röhl, Wilhelm II. Der Weg in den Abgrund, 1900–1941, München 2008

John C.G. Röhl, Wilhelm II. sah in Hitler seinen Vollstrecker (Interview mit Oliver Das Gupta), in: Süddeutsche Zeitung, 4. Juni 2011

Martin Schaad, »Dieser phantastische Idiot« oder: Eine kurze Typologie historischer Bedeutungslosigkeit, in: Leuchtfeuer, 10 Jahre Einstein Forum,

2003, S. 1–25 (http://www.einsteinforum.de/wp-content/uploads/2016/03/Dieser-phantastische-Idiot.pdf)

Wilhelm Freiherr von Schoen, Erlebtes. Beiträge zur politischen Geschichte der neuesten Zeit, Stuttgart/Berlin 1921

Gregor Schöllgen, Imperialismus und Gleichgewicht. Deutschland, England und die orientalische Frage 1871–1914, München 1984

Heinrich Wolfgang Seidel, Um die Jahrhundertwende. Jugendbriefe, Gütersloh 1952

Stefan Specht, Der Brand von Donaueschingen 1908, in: Bernd Klaedtke/Michael Thissen (Hrsg.), Feuerwehrchronik, 5. Jg., 2009, Nr. 1, S. 16 f.

Volker Stalmann, Fürst Christian Kraft zu Hohenlohe-Öhringen (1848–1926). »Leben wie Lukull«, in: Alma Hannig/Martina Winkelhofer-Thyri (Hrsg.), Die Familie Hohenlohe. Eine europäische Dynastie im 19. und 20. Jahrhundert, Köln/Weimar/Wien 2013, S. 357–373

Volker Stalmann, Adel und Kapitalismus. Die Familie Hohenlohe und der Fürstenkonzern, in: Zeitschrift für Württembergische Landesgeschichte, 74. Jg., Stuttgart 2015, S. 201–216

Fritz Stern, Gold und Eisen. Bismarck und sein Bankier Bleichröder, 2. Aufl., München 2011

Gustav Stresemann, Die Warenhäuser. Ihre Entstehung, Entwicklung und volkswirtschaftliche Bedeutung, in: Zeitschrift für die gesamte Staatswissenschaft, Bd. 56, 1900, H. 4, S. 696–733

Ruth Stummann-Bowert, »Es leuchtet meine Liebe«. Annemarie von Nathusius (1874–1926), Würzburg 2011

Ladislaus von Szögyény-Marich, Bericht des österreichisch-ungarischen Botschafters in Berlin, Ladislaus von Szögyény-Marich, an Außenminister Leopold Graf Berchtold, 8. April 1914, in: Haus-, Hof- und Staatsarchiv (HHStA) Wien, PA III 171

Frederick Taylor, Inflation. Der Untergang des Geldes in der Weimarer Republik und die Geburt eines deutschen Traumas, München 2013

Wolfram G. Theilemann, Adel im grünen Rock. Adliges Jägertum, Großprivatwaldbesitz und die preußische Forstbeamtenschaft 1866–1914, Berlin 2004

Volker Ulrich, Als der Thron ins Wanken kam, Bremen 1993

Volker Ulrich, Die nervöse Großmacht 1871–1918. Aufstieg und Untergang des deutschen Kaiserreichs, Frankfurt am Mai 2013

Karina Urbach, Hitlers heimliche Helfer. Der Adel im Dienst der Macht, Darmstadt 2016

Axel von Varnbüler, Bericht des kgl. Gesandten in Berlin, v. Varnbüler, an den Staatsminister der auswärtigen Angelegenheiten, Dr. von Weizsäcker, Berlin, 27. Februar 1914, in: Hauptstaatsarchiv Stuttgart (HStAS), E 50/03, Bü 208

Rudolf Vierhaus (Hrsg.), Das Tagebuch der Baronin Spitzemberg, 2. Aufl., Göttingen 1961

Fritz Wertheimer, Deutsche Leistungen und deutsche Aufgaben in China, Berlin 1913

Adolf von Wilke, Alt-Berliner Erinnerungen, Berlin 1930

Peter Winzen, Bülows Weltmachtkonzept. Untersuchungen zur Frühphase seiner Außenpolitik, Boppard 1977

Peter Winzen, Freundesliebe am Hof Kaiser Wilhelms II., Norderstedt 2010

Peter Winzen, Das Kaiserreich am Abgrund. Die Daily-Telegraph-Affäre und das Hale-Interview von 1908. Darstellung und Dokumentation, Stuttgart 2002

Karlheinz Wirnsberger, Erste Internationale Jagdausstellung Wien 1910, in: Der Anblick, o. J.

Robert Graf von Zedlitz-Trützschler, Zwölf Jahre am deutschen Kaiserhof. Aufzeichnungen des Grafen Robert Zedlitz-Trützschler, ehemaliger Hofmarschall Wilhelms II., Berlin 1924

Dank

Das Buch hätte ohne die Datenbank ANNO (Austrian Newspapers Online) der Österreichischen Nationalbibliothek in Wien nicht geschrieben werden können. Ihr Vorzug besteht nicht nur darin, dass sie – nach Angaben von Wikipedia – mehr als eine Million Ausgaben von 636 verschiedenen Zeitungen und Zeitschriften (Stand: Februar 2015) zur kostenlosen Nutzung bereitstellt, vielmehr in der intelligenten Benutzerfreundlichkeit. Ihre Schöpfer seien gepriesen!

Ohne die großzügige Hilfe des Leiters des Politischen Archivs des Auswärtigen Amtes, Dr. Gerhard Keiper, wäre das Madeira-Kapitel nicht geschrieben worden, auch die erstmalige Veröffentlichung der Telegramme Kaiser Wihelms II. an und über Max Egon ist ihm zu verdanken. Für wichtige Quellen und Hinweise bedanke ich mich auch bei Dr. Volker Stalmann, Dr. Peter Winzen, Martin Roeder vom Historischen Archiv der Commerzbank, Frank Dreisch vom Institut für bankhistorische Forschung, Malte Vieth von der Deutschen Bundesbank (Kommunikation) und – last, but not least – Dr. Martin Schaad vom Einstein Forum (Potsdam).

Von den vielen Freunden und Verwandten, die meine Erzählungen über die Ausschweifungen des Fürstentrusts geduldig ertragen haben, ist an erster Stelle Dr. Marita Rödzsus-Hecker zu erwähnen, die die Arbeit wieder einmal in zahllosen Gesprächen vorangebracht hat und auch vor mehrfacher Lektüre des Manuskripts nicht zurückgeschreckt ist, und Eberhard Bommarius, der als Rechercheur und Übersetzer unersetzlich war. Meinem Bruder Alexander schulde ich nicht nur Dank, sondern Bewunderung für ebenso rapides wie gründliches Gegenlesen und seine scharfsinnige Kritik. Jörg Schindler werde ich die keineswegs selbstverständliche Hilfe in großer Not nicht vergessen. Mit einer präzisen Information hat Julia Kospach (Wien) der Recherche einen nachhaltigen Schub gegeben.

Zu Unrecht stehen die Literaturagentin, die Lektorin und der Verleger fast immer am Ende einer Danksagung. Der Autor rechtfertigt sich mit der an sich selbst gemachten Erfahrung, dass Leser beim Durchblättern, wenn sie nur ein wenig Interesse haben, zumindest zwei Stellen eines Buches fast immer Beachtung schenken – dem Anfang und dem Ende. Nicht nur Beachtung, sondern uneingeschränkter Dank ist das Mindeste, was meine Literaturagentin Rebekka Göpfert, meine Lektorin Beatrice Faßbender und mein Verleger Heinrich von Berenberg vom Autor erwarten dürfen.

Gewidmet ist das Buch meinen neugierigen Neffen Constantin und Valentin.

Christian Bommarius,

geboren 1958 in Frankfurt am Main, aufgewachsen in Bonn, lebt in Berlin. Er ist Journalist und Jurist und arbeitet als Kommentator u.a. für die Berliner Zeitung und die Frankfurter Rundschau. Zuletzt erschien bei Berenberg »Der gute Deutsche. Die Ermordung Manga Bells in Kamerun 1914« (2015).

© 2017 Berenberg Verlag, Sophienstraße 28/29, 10178 Berlin

KONZEPTION | GESTALTUNG: Antje Haack | lichten.com
SATZ | HERSTELLUNG: Büro für Gedrucktes, Beate Mössner
ABBILDUNGEN: Einbandvorderseite von akg-images,
Einbandrückseite von ullstein bild, Frontispiz von picture-alliance/dpa
REPRODUKTION: Frische Grafik, Hamburg
DRUCK UND BINDUNG: CPI – Clausen & Bosse, Leck
Printed in Germany
ISBN 978-3-946334-14-9